ro
ro
ro

W0192343

Mit Kindern leben

Zu diesem Buch

Gewalt- und Eigentumsdelikte, Respekt- und Regellosigkeit nehmen Jahr für Jahr zu. Und die Täter, so heißt es, werden immer jünger. Wie kommt es zu dem vielbeklagten «Werteverfall» bei Kindern und Jugendlichen? Und was ist dagegen zu unternehmen? Diesen Fragen geht Pulitzerpreisträger Robert Coles nach. Er erzählt Beispiele aus dem Alltag, zitiert aus Gesprächen mit Kindern, Eltern und Lehrern, und er gibt zahlreiche praktische Hinweise, wie die moralische Intelligenz in den verschiedenen Lebensabschnitten gefördert werden kann. Zwar haben Kinder ein starkes Bedürfnis nach vermittelten Werten, entscheidend aber ist nicht, was die Eltern *sagen*, sondern wie sie sich *verhalten*. Nicht Pädagogik ist gefragt, sondern verantwortliches Handeln.

«Ein bahnbrechendes Buch.» (Daniel Goleman, Autor des Bestsellers «Emotionale Intelligenz»)

Robert Coles, geb. 1929, ist Arzt, Kinderpsychiater, Harvard-Professor und in Sachen Pädagogik oft anderer Meinung als das Gros der Eltern und Experten. In seinen zahlreichen Büchern zur geistigen und moralischen Entwicklung von Kindern, darunter das mit einem Pulitzerpreis ausgezeichnete (fünfbändige) «Children of Crisis», streitet er gegen den modernen Kult um den Nachwuchs und für eine partnerschaftliche Erziehung.

Robert Coles

Kinder brauchen Werte

Wie Eltern
die moralische Intelligenz
fördern können

Deutsch von
Ulrike Bischoff

Rowohlt Taschenbuch Verlag

Herausgegeben von Bernd Gottwald und Bernhard Schön

die **Deutsche Liga**
für das Kind

Partner von *rororo Mit Kindern leben*

Veröffentlicht im Rowohlt Taschenbuch Verlag GmbH,
Reinbek bei Hamburg, Dezember 2001
«Moralische Intelligenz oder Kinder brauchen Werte»
Copyright © 1998 by Rowohlt · Berlin Verlag GmbH, Berlin
Die Originalausgabe erschien 1997 unter dem Titel
«The Moral Intelligence of Children»
bei Random House, Inc., New York
«The Moral Intelligence of Children»
Copyright © 1997 by Robert Coles
Umschlaggestaltung Henning Dencks
(Foto: Stone/Jay S. Simon)
Gesamtherstellung Clausen & Bosse, Leck
Printed in Germany
ISBN 3 499 60982 7

Inhalt

Vorwort 9

Eine Frage des Charakters? 13
Moralische Intelligenz
oder Die Schule des Lebens 15
Ein guter Mensch 25
Ein schlechter Mensch 35
Zwischen gut und böse, richtig und falsch:
Scheidewege 45

**Eine kleine Entwicklungsgeschichte
der Moral** 69
Vom Säugling zum Kleinkind:
Grenzen ziehen, Grenzen erkennen 71
Die Grundschuljahre:
Entstehung des Gewissens 109
Die Pubertät:
Auf der Suche nach dem Selbst 147

**Kinder brauchen Werte:
Eine Ermutigung für Eltern und Lehrer** 181
Sinnwelten 183
Praxis statt Theorie 191
Erziehung zur Moral 197

Für Ruby Bridges Hall,
Arnold Hiatt, Cheryl Pickrell und Larry Ronan –
lebendige Vorbilder.

Bald denkt, bald handelt der Geist,
und das eine reproduziert das andere.
Wenn der Künstler sein Material ausgeschöpft
hat, wenn die Phantasie nicht länger malt,
die Gedanken nicht mehr zu fassen sind und
Bücher langweilig werden – dann bleibt ihm
als Quelle zu *leben*. Charakter steht höher als
Intellekt. Denken ist die Funktion,
Leben das Funktionelle. Der Strom kehrt zu
seiner Quelle zurück. Eine große Seele besitzt
die Kraft zu leben und die Kraft zu denken.
Ralph Waldo Emerson

Laßt uns singen ein neues Lied, nicht mit
unseren Lippen, sondern durch unser Leben.
Augustinus

Vorwort

Seit über dreißig Jahren bemühe ich mich nun zu verstehen, wie Kinder unterschiedlicher Herkunft ihre jeweiligen Überzeugungen, Glaubens- und Wertvorstellungen ausbilden. In meinen Büchern *The Moral Life of Children* (1986) und *The Spiritual Life of Children* (1990; dt.: *Wird Gott naß, wenn es regnet. Die religiöse Bilderwelt der Kinder*) habe ich meine Arbeit und meine Erkenntnisse ausführlich beschrieben. Darüber hinaus führte ich Anfang 1990 eine Untersuchung der Organisation der amerikanischen Pfadfinderinnen über «Glaubensvorstellungen und moralische Werte amerikanischer Kinder» durch. Nach der Erhebung unter Tausenden von jungen Leuten aus dem ganzen Land setzte ich mich nochmals mit einigen Kindern zusammen, die den Fragebogen ausgefüllt hatten, um von ihnen in Einzel- oder Gruppensitzungen etwas zu erhalten, was Multiple-choice-Antworten kaum zu liefern vermögen: einen Zugang zu der gesamten Bandbreite der Einstellungen, Überzeugungen und Gefühle, die unser Wertesystem prägen. Weiterhin setzte ich mich in Gruppen mit Eltern und Lehrern dieser Kinder zusammen, mit jenen Erwachsenen also, die sie in der Absicht, das Richtige zu tun, erziehen und unterrichten. Ich bin selbst Vater dreier Söhne, und auch ich habe mich in meiner Arbeit an Schulen und Universitäten stets bemüht, das Richtige zu tun.

In den beiden oben erwähnten Büchern schildere ich, wie Kinder über moralische, ethische, religiöse und spirituelle Fragen *denken*. Hier möchte ich mich einem anderen Aspekt widmen: der Frage, wie wir Erwachsenen als Eltern, Lehrer und Freunde die Wertvorstellungen von Kindern prägen, wie wir sie ermutigen oder lehren, sich in ihrem täglichen Leben an bestimmte Überzeugungen zu halten.

In den letzten Jahren haben wir viel über Bildung, Intelligenzquotienten und seelische Gesundheit gehört. Zahlreiche Bücher setzten sich mit unseren kognitiven geistigen Aktivitäten auseinander. Psychologen und Psychiater betonen seit Jahrzehnten, daß Wahrnehmung und Erkenntnis nicht im luftleeren Raum stattfinden, daß der Geist nicht nur Fakten und Zahlen verarbeitet, sondern auch der Sitz von Angst, Liebe und Zuneigung ist; so hat denn auch ein Buch wie Daniel Colemans *Emotional Intelligence* (dt.: *Emotionale Intelligenz*) zu Recht bei vielen von uns ein starkes Echo hervorgerufen.

Ich hoffe nun, diese anhaltende Auseinandersetzung mit dem kognitiven und dem psychologischen bzw. emotionalen Faktor auszuweiten, indem ich den moralischen Aspekt des Lebens unserer Kinder aufgreife – gewissermaßen einen dritten Bereich geistiger Aktivität: den Charakter und seine Entwicklung vom Beginn des Lebens bis zum Erreichen des Erwachsenenalters.

Die Idee zu diesem Buch entstand beim Schreiben eines Artikels mit dem Titel «The Disparity Between Character and Intellect», um den mich *The Chronicle of Higher Education* (18. September 1995) gebeten hatte. Zu diesem Essay, der in den dritten Teil des vorliegenden Buches einging, erreichte mich eine Flut von Reaktionen. Angeregt durch einige der Briefe, begann ich, mich eingehender mit den Fragen zu beschäftigen, die ich in dem Essay behandelt hatte. Ich dachte dabei an die Eltern und Lehrer, denen ich im Laufe meiner Forschungsarbeit der vorangegangenen Jahre begegnet war. Ihnen möchte ich für alles danken, was ich von ihnen und von den Kindern, die sie erzogen und unterrichtet haben, lernen konnte. Mein Dank gilt auch Kate Medina, die mir als Lektorin bei meinem Versuch, mich unmittelbar an Eltern und Lehrer zu wenden, wertvolle Hilfe und Anleitung gegeben hat, sowie Amanda Urban für ihre unablässige Ermutigung. Danken möchte ich auch Ed Gerwig für seine sachkundige Hilfe bei dem Manuskript; und den vier Personen, denen dieses Buch gewidmet ist: Ruby Bridges Hall für alles, was sie die Amerikaner gelehrt hat, als sie Anfang der sechziger Jahre Pionierarbeit für die Aufhebung der Rassentrennung in den Schulen von Louisiana leistete, und für alles, was sie uns danach als Mutter und als Lehrerin ganz eigener Art in den Schulen von New Orleans mitgegeben hat; Arnold Hiatt, einem sensiblen und nachdenklichen Geschäftsmann aus Massachusetts; Cheryl Pickrell, einer Lehrerin aus Arizona von großer moralischer Kraft; und Larry Ronan, einem Arzt aus Boston, der sich «vor Ort» um die Armen und Schwachen kümmert. Diesen vier Menschen gebührt ebenso wie vielen anderen im ganzen Land Anerkennung für alles, was sie tun, um ihren Mitmenschen ein besseres Leben zu ermöglichen.

Eine Frage

des Charakters?

Moralische Intelligenz
oder Die Schule des Lebens

In diesem Buch geht es um moralische Intelligenz, um unsere allmählich sich entwickelnde Fähigkeit, zwischen richtig und falsch, gut und böse zu unterscheiden. Dieses Buch stellt die Frage, was es bedeutet, ein «guter» Mensch zu sein im Unterschied zu einem weniger guten oder einem «schlechten» Menschen. Es möchte zeigen, wie sich der «Charakter» bei Kindern entwickelt, wie ihre moralische Vorstellungskraft in den verschiedenen Stadien ihres Lebens wächst.

In meinem Buch *The Moral Life of Children* habe ich untersucht, wie das moralische *Denken* durch Einflüsse außerhalb des Elternhauses geprägt wird: durch Schicht- und Rassenzugehörigkeit, soziale Ereignisse und kulturelle Faktoren, sei es die Aufhebung der Rassentrennung in den Schulen, die Existenz der Atombombe, die jeweilige Umgebung, in der ein Junge oder Mädchen lebt, und die Einstellungen, die dort herrschen. Im vorliegenden Buch beschäftige ich mich dagegen mit dem moralischen *Verhalten* im praktischen Leben des Kindes und mit der Frage, wie es sich in Reaktion auf die Behandlung entwickelt, die es zu Hause und in der Schule erfährt. Das Buch soll zeigen, wie sich moralisches Verhalten als Antwort auf moralische Erfahrungen entwickelt, die das Kind tagtäglich in der Familie und in der Schule macht.

Den Begriff «moralische Intelligenz» hörte ich zum ersten Mal vor vielen Jahren von Rustin McIntosh, einem angesehenen Kinderarzt, der einige von uns in der Arbeit mit schwerkranken Kindern unterrichtete. Als wir ihn fragten, was er mit dem Begriff «moralische Intelligenz» meine, antwortete er nicht mit einer eleganten, präzisen Definition. Statt dessen erzählte er uns von Jungen und Mädchen, die er kennengelernt und behandelt hatte und die über moralische Intelligenz verfügten: die «gut» und freundlich waren, an andere dachten und für sie da waren. Bereits im Alter von sechs oder sieben Jahren zeige sich bei vielen Kindern das Bedürfnis, taktvoll, höflich und großzügig zu sein, was sich in ihrer Bereitschaft spiegele, die Welt aus der Sicht anderer wahrzunehmen und auf liebenswürdige Weise zu handeln. Er erzählte uns von unvergeßlichen Erlebnissen aus seiner klinischen Praxis: von einem Mädchen, das unheilbar an Leukämie erkrankt war und sich Sorgen machte wegen der «Last», die sie ihrer Mutter aufbürdete; von einem Jungen, der nach einem Autounfall seinen rechten Arm nicht mehr gebrauchen konnte und dem es weniger um seiner selbst als um seines Vaters willen leid tat, der viel für Baseball übrig hatte und seinen Sohn und andere Jungen in einem Team des Viertels trainierte.

Doch ich wollte von dem Arzt nicht nur Geschichten hören. Ich wollte eine klare Definition, der ich mich in meinem zukünftigen Leben als Kinderarzt, Kinderpsychiater, Vater und Lehrer bequem bedienen können würde. Doch alles, was ich diesem geschätzten Professor an der Medical School entlocken konnte, war die simple Erklärung: «Sie werden ‹moralische Intelligenz› schon erkennen, wenn Sie einem Kind begegnen, das auf *diese* Weise klug ist, klug nicht in bezug auf Fakten und Zahlen, sondern in seinem Verhalten, in seiner Art, über andere zu sprechen und für sie mitzudenken.»

Er spürte, daß mir das nicht genügte. Dann betrachtete er seine Bücherregale, all die Bände über Krankheiten, die Kinder bekommen können, und über ihre kognitive und emotionale Entwicklung. Schließlich sah er mich an, den beflissenen und gewissenhaften jungen Arzt ihm gegenüber: «Ständig reden wir über ‹kluge› Kinder und ‹emotional gestörte› Kinder, aber über Kinder mit einem guten Herzen, oder über solche, die uns aus der Fassung bringen, weil sie alles andere als gut sind, sprechen wir kaum.»

Mir war klar, daß ich das, was ich gerne wollte, nicht bekommen würde: ein brauchbares Kriterium für einen bestimmten Aspekt menschlichen Verhaltens, nämlich das Gute bei Kindern. Statt dessen belehrte mich der Arzt durch sein eigenes Beispiel – auf ebendiese Weise, wie wir Kindern etwas beibringen: Wir machen sie zu Zeugen unseres eigenen Verhaltens. Darüber hinaus tat er noch etwas, was auch wir tun können: Er behalf sich mit Geschichten, mit Erinnerungen an Momente im Leben junger Menschen, deren Zeuge er geworden war. Geschichten aus dem Leben wie auch aus Filmen oder Büchern können die moralische Phantasie anregen und provozieren. Didaktische oder theoretische Argumente hingegen haben kaum je eine solche Wirkung.

«Moralische Intelligenz» erwirbt man nicht durch das Auswendiglernen von Regeln und Vorschriften oder durch abstrakte Schulddiskussionen und häuslichen Gehorsam. Vielmehr wachsen wir moralisch, indem wir lernen, mit anderen umzugehen und uns in dieser Welt zu verhalten – ein Lernprozeß, der darauf beruht, daß wir uns zu Herzen nehmen, was wir gesehen und gehört haben. Das Kind ist ein Zeuge; es ist ein ständig wachsamer Zeuge der Moral Erwachsener – oder ihres Fehlens. Unablässig hält das Kind Ausschau nach Hinweisen auf richtiges Verhalten und findet sie in Hülle und Fülle in der Art und Weise, wie wir Eltern und Lehrer unser Leben gestalten, Entscheidungen treffen und in unserem Handeln unsere tiefsten Ansichten, Wünsche und Wertvorstellungen ausdrücken. Wir geben damit den jungen Beobachtern wesentlich mehr mit, als uns bewußt sein mag.

Wenn ich mir überlege, was ich den Lesern mit diesem Buch an die Hand geben möchte, denke ich an das Beispiel, das dieser ältere Arzt für mich damals war; ich erinnere mich an *seine* «moralische Intelligenz», seinen Respekt vor anderen Menschen, seine Selbstachtung, sein tiefes Bewußtsein für das, was uns verband. Ich war Zeuge, wie er seinen Patienten gegenübertrat, aber auch ihren Eltern und uns, den Studenten, Assistenzärzten, Pflegern und Krankenschwestern. Sie und alle anderen, die für den reibungslosen Betrieb eines Krankenhauses sorgen, behandelte er ausnahmslos mit Achtung und Respekt. Ich entsinne mich, daß dieser Arzt, der eine ganze Generation von Kinderärzten hervorgebracht hat, einem Pfleger überschwenglich dankte, weil er sich so gut um die Spielsachen und das Zimmer eines Kindes gekümmert hatte; daß er eine Krankenschwester dafür lobte, wie sie mit einem sterbenden vierjährigen Mädchen gesprochen hatte; daß er sich die Zeit nahm, sich zu einem Jungen auf den Boden zu setzen, um sich seine Eisenbahn anzusehen. Er war nicht nur ein angesehener und souveräner Arzt, er war noch mehr: ein Mann von gutem Charakter und großer Menschlichkeit.

Er hielt uns keine Vorlesungen darüber, wie wir uns untereinander oder dem Krankenhauspersonal und den Kindern gegenüber verhalten sollten. Er gab uns auch keine Anleitungen zu gutem Benehmen. «Nicht auf Regeln, auf die Einstellung kommt es an!» schien dieser freundliche alte Doktor uns zu sagen. Wobei er uns eigentlich sehr wenig sagte. Er lebte einfach nach seinen moralischen Prinzipien. Und wir, Zeugen seines Verhaltens geworden, taten das, was alle jungen Menschen tun, die einen älteren bewundern und ihm vertrauen: Sie versuchen es ihm gleichzutun.

Andererseits hatte er den Begriff der moralischen Intelligenz ausdrücklich verwendet. Und dieser Begriff beinhaltete die für uns anfangs verblüffende Vorstellung, daß das moralische Handeln eines Menschen ebensosehr zu berücksichtigen sei wie sein intellektuelles Format und seine emotionale Verfassung. Zunächst ließen wir uns von dem Gedanken mitreißen und versuchten, eine Liste mit Untergliederungen aufzustellen: kognitive Intelligenz, psychisches Gleichgewicht, moralische Qualität der Lebensweise und des Charakters. Aber als er in unser Arztzimmer kam und diese Listen an der Tafel sah, lachte er nur und sagte: «Leute, ich wollte Ihnen doch nur raten, mal innezuhalten und mir nicht ständig zu erzählen, wie schlau unsere Kinder sind, oder wie wenig schlau, oder wie ruhig sie sind, oder wie gestört. Sie sollen mir eine Vorstellung von, um ein altmodisches Wort zu benutzen, ihrem Benehmen vermitteln. Sind sie großzügig oder egoistisch? Haben sie einen Blick für andere, für deren Lage, oder leben sie ganz in ihrer eigenen Welt? Selbst unter unseren kränksten Kindern gibt es die ganze Bandbreite: Kinder, die an andere denken, und solche, die andere, sogar ihre eigenen Eltern und Geschwister, nicht einmal grüßen.»

In diesem Sinne habe ich für dieses Buch Geschichten und Gedanken gesammelt, die, so hoffe ich, zum Nachdenken und Nachmachen anregen. Ich möchte den Lesern Nahrung für ihre moralische Phantasie bieten, für jene Instanz unseres Denkens also, die entscheidet, was wir tun oder nicht tun sollten und warum: und wie wir aus moralischen, religiösen, spirituellen und praktischen Gründen mit anderen Menschen umgehen sollten.

An einem gewissen Punkt wandelt sich der reflektierende Geist zu einem «ausführenden Ich»: Die moralische Phantasie wird bestätigt, erkannt, entwickelt, trainiert, an kleinen und großen täglichen Entscheidungen und vollbrachten Taten zu wachsen. Unser Charakter ist das, was wir sind, wie wir handeln und leben, und so erfahren ihn auch die Kinder in unserer Umgebung: Sie nehmen auf und speichern, was sie bei uns beobachten. Sie sammeln und imitieren, was sie sehen, und befolgen später oft den Rat, den wir ihnen auf diese Weise bewußt oder unbewußt gegeben haben.

Manche Kinder sagen uns natürlich nicht ausdrücklich, wie sie unser Verhalten verstehen und was sie davon denken. Es mag unseren Söhnen und Töchtern, die uns lieben und beachten wollen, schwerfallen, sich uns, ihren Eltern und Lehrern, entgegenzustellen und auf Dinge hinzuweisen, die ihnen nicht gefallen. Das wurde mir einmal sehr nachhaltig klar, als ich meinen neunjährigen Sohn ins Krankenhaus fuhr. Er hatte sich bei einem Unfall verletzt, als er trotz eines Verbots von seiner Mutter und mir mit einigen Schreinerwerkzeugen spielte, die wir in unserer Garage aufbewahrten. Ich war außer mir, weil er sich einen tiefen Schnitt zugezogen hatte, der offensichtlich genäht werden mußte, und weil er unsere Ermahnungen ignoriert hatte. An diesem regnerischen Morgen raste ich also mit ihm ins Krankenhaus, ohne darauf zu achten, daß ich dabei Fußgänger naß spritzte, die die Straße überquerten; einmal ignorierte ich eine gelbe Ampel, und unmittelbar danach eine rote. An diesem Punkt schaltete mein Sohn sich ein. Mitten in dieser wilden Hatz zur Notaufnahme meinte er: «Papa, wenn wir nicht aufpassen, haben wir bald noch mehr Schwierigkeiten.»

Ich spürte, daß er sich auf die Lippen biß, weil er eigentlich noch etwas sagen wollte. Das Wort «Schwierigkeiten» hatte ich zuvor benutzt, als wir beide zum Wagen rannten. «Wir sind in Schwierigkeiten», hatte ich gesagt. Nun wies mich der Junge taktvoll und ein bißchen ängstlich auf eine Ironie hin: Auf dem Weg, uns aus den «Schwierigkeiten» zu befreien, nahm ich noch größere Schwierigkeiten in Kauf. Er bedachte mich mit einem ebenso mißbilligenden wie ängstlichen Blick, der besagte: Paß auf, daß du auf deiner allzu eiligen Fahrt, die gefährlich und hirnverbrannt zu werden droht, niemanden verletzt. Daran zeigte sich für mich der Charakter des Jungen. Trotz seiner eigenen Verletzung dachte er an andere, die durch einen Autofahrer zu Schaden kommen könnten, der Ampeln mißachtete und mit seinem eigenen, recht begrenzten moralischen Antrieb dahinraste: Nur unser Problem ist wichtig, alles andere ist uns egal. Mir waren die ethischen Implikationen der mahnenden, wenn nicht gar warnenden Bemerkung meines Sohnes völlig klar: Hier geht es um etwas Wichtiges, um das Leben anderer. Ein Junge war über sich hinausgewachsen und hatte an andere gedacht, und zwar ungeachtet seiner eigenen mißlichen Lage, die es durchaus gerechtfertigt hätte, mehr an sich selbst zu denken.

Erziehung zum Guten?

Allzu oft wird die charakterliche Erziehung als Einbahnstraße dargestellt. Doch in einer Familie oder Schulklasse sind Erwachsene und Kinder in einem gegenseitigen Austausch. Beide Seiten können voneinander lernen, so wie ich auf der eiligen Fahrt ins Krankenhaus von meinem Sohn gelernt habe.

Als wir das Krankenhaus erreichten, war ich versucht, meine Beziehungen zu den Arztkollegen spielen zu lassen, um vor den anderen Wartenden an die Reihe zu kommen. Doch ich dachte an das, was mein Sohn mir zuvor im Auto gesagt hatte, und wagte nicht, eine Sonderstellung zu beanspruchen.

Ich hatte erfahren, daß «Lehrer» und «Schüler» die Rollen vertauschen können, daß das Erlernen von Moral ein lebenslanges Wechselspiel ist. Von Erziehung im klassisch-didaktischen Sinne kann also keine Rede sein.

Die Frage, wie die moralische Entwicklung von Kindern in der Schule und zu Hause gefördert werden könne, stellte sich auch eine Gruppe von Lehrern und Lehrerinnen, mit der ich zusammenarbeitete. Ebensowenig wie sie besaß ich ein Zaubermittel. Sie schilderten mir problematische Situationen aus ihrem Alltag und fragten mich, wie ich mich verhalten würde, wie ich den Schülern klarmachen würde, daß die Fähigkeit, sich in andere Menschen einzufühlen, der entscheidende Aspekt moralischen Verhaltens darstelle; und wie sich den Schülern dies so lebendig vermitteln ließe, daß sie sich das Prinzip auch zu eigen machten. Während ich nach einer Antwort suchte, fiel mir eine kurze, aber eindringliche Geschichte aus Leo Tolstojs «Erstem Russischen

Lesebuch» ein, die sich für fast jede Altersstufe eignet. Sie heißt «Der alte Großvater und der Enkel».

Der Großvater war sehr alt geworden. Seine Beine wollten nicht mehr gehen, seine Augen nicht sehen, seine Ohren nicht hören, und er hatte keine Zähne mehr. Wenn er aß, tropfte ihm das Essen aus dem Mund.
Der Sohn und die Schwiegertochter mochten das nicht länger mit ansehen. Von da an mußte er allein, hinter dem Herd, essen. Einmal brachten sie ihm das Abendessen in einer Tasse. Der alte Mann wollte die Tasse verrücken, dabei fiel sie hin und zerbrach. Die Schwiegertochter schimpfte mit dem alten Mann, weil er alles im Haus verschüttete und Tassen zerbrach, und sie sagte, sie werde ihm von nun an das Essen in einer Spülschüssel geben. Der alte Mann seufzte nur und schwieg.
Einmal sahen der Mann und seine Frau, wie ihr kleiner Sohn zu Hause auf dem Fußboden mit ein paar Brettern spielte und etwas daraus baute. Der Vater fragte: «Was machst du da, Mischa?» Und Mischa antwortete: «Lieber Vater, ich mache eine Spülschüssel. Wenn du und die liebe Mutter einmal alt seid, könnt ihr aus dieser Schüssel essen.» Der Mann und die Frau sahen einander an und begannen zu weinen. Sie schämten sich, daß sie den alten Mann so gekränkt hatten. Und von diesem Tag an saß er wieder bei ihnen am Tisch, und sie bedienten ihn.

Als ich fertig gelesen hatte, saßen alle schweigend unter dem Eindruck der Geschichte da. Eine Lehrerin überlegte, ob nicht selbst eine so unmittelbar überzeugende Erzählung sehr bald ihre Wirkung verlieren würde, zumindest bei manchen Jugendlichen, die allzu zynisch, oberflächlich und selbstbezogen seien. Darauf erzählte ich, wie ich diese Geschichte in Schulklassen und Seminaren eingesetzt habe. Ich las sie jeweils laut vor und bat dann um Meinungen und Kommentare. Zuvor erzählte ich der Klasse jedoch noch aus meinem eigenen Leben. Ich erzählte von Situationen, in denen ich so mit meinen eigenen Pflichten und Interessen beschäftigt war, daß ich es versäumte, nach dieser Erzählung zu handeln. Dabei wollte ich mich weder selbst anklagen, noch öffentlich um Absolution buhlen. Vielmehr ging es mir darum, indem ich mich zu meinen Schwächen und Mißgeschicken bekannte, einen offeneren Erfahrungsaustausch zu ermöglichen. Nach dem Motto: Wenn der seine Fehler bekennt, dann kann auch ich meine Fehler eingestehen, und sei es nur mir selbst.

Nachdem wir miteinander gesprochen hatten, bat ich die Studenten, einen Aufsatz über die Tolstoj-Erzählung zu schreiben: Was bedeutete sie in ihren Augen? Wie würden sie als Eltern oder Lehrer mit ihr umgehen? Das Ergebnis waren Selbstbeobachtungen und Erinnerungen oder Vorschläge für das Verhalten in bestimmten Situationen. So wurden wir alle mit Tolstojs Hilfe Zeugen einer aktiven moralischen Phantasie.

Ein guter Mensch

Seit Jahren bitte ich Kinder, mir zu schildern, was sie sich unter einem guten Menschen vorstellen. Es liegt auf der Hand, daß die Definitionen recht unterschiedlich ausfallen. Manche Kinder betonen die Bereitschaft eines Menschen, auf andere zuzugehen und ihnen zu helfen, andere stellen ihren Glauben in den Vordergrund, wieder andere weisen auf charakterliche Qualitäten hin wie geistige Unabhängigkeit, Verantwortung für die Gesellschaft, Engagement im Beruf oder in der Familie. Ich erinnere mich, wie ich einer Grundschulklasse, mit der ich ebenfalls über dieses Thema sprach, eine Geschichte erzählte, die einer meiner Studenten geschrieben hatte. Es war eine Art Fabel mit dem Titel «Sternzeit»:

Es war einmal eine Zeit, da gab es keine Sterne am Himmel. Nur der Mond schien einsam in der Nacht. Und da er traurig und allein war, leuchtete er nur ganz schwach. Ein Mensch hatte alle Sterne für sich. Es war kein mächtiger König und auch keine böse Hexe. Es war ein kleines Mädchen namens Stella. Wenn Stellas Mutter abends das Licht in ihrem Zimmer ausmachte, verwandelte sich Stellas Zimmerdecke in ein funkelndes Lichtermeer, heller als jeder Weihnachtsbaum.
Manchmal hatte sie das Gefühl, als schaue sie aus einem Flugzeug auf die Lichter einer großen Stadt hinab. Stella

schlief gern unter ihrem Sternenhimmel ein. Sie hatte immer schöne, angenehme Träume. Eines Tages hörte sie in der Schule, wie einige Jungen und Mädchen sich unterhielten. Ein Junge sagte: «Ich kann nachts nicht schlafen. Mein Zimmer ist ganz dunkel, und ich bekomme Angst.» Ein Mädchen pflichtete ihm bei: «Ich auch. Und der traurige alte Mond hilft auch nicht. In meinem Zimmer ist es so dunkel wie in einem Schrank.»

Stella fühlte sich unbehaglich. Sie hatte nicht gewußt, daß sie die einzige war, die Sterne in ihrem Zimmer hatte. Als ihre Mutter an diesem Abend das Licht in ihrem Zimmer ausschaltete, leuchtete ihre Zimmerdecke wieder hell wie die Lichter einer großen Stadt. Aber Stella konnte nicht schlafen. Sie dachte an all die Jungen und Mädchen, die im Dunkeln wach lagen, und sie war traurig. Sie stand auf und öffnete ihr Fenster. Matt stand der Mond am Himmel.

«Mond, warum gibst du nicht mehr Licht?» fragte Stella.

«Weil ich einsam bin. Ich muß die ganze Nacht allein hier draußen bleiben. Und manchmal bekomme ich Angst.»

«Das tut mir leid», sagte Stella. Sie war überrascht, daß etwas so Großes und Schönes wie der Mond Angst bekommen konnte wie kleine Jungen und Mädchen.

«Außerdem bin ich müde», meinte der Mond. «Es ist viel Arbeit, den ganzen Himmel zu beleuchten.»

Stella dachte kurz nach.

«Mond», sagte sie schließlich, «würde es dir helfen, meine Sterne als Gesellschaft zu haben?»

«Ja», antwortete der Mond.

«Würden sie den Himmel heller machen?»

«Ja, und mich würden sie glücklich machen.»

Stella trat vom Fenster weg und sah zu ihren Sternen hinauf. «Geht und helft dem Mond», sagte sie. «Ihr werdet mir fehlen, aber ich werde jeden Abend aus dem Fenster schauen. Dann sehe ich euch am Himmel.» Sie wischte sich eine Träne aus dem Augenwinkel. «Geht jetzt.»

Bei diesen Worten stoben die Sterne von ihrer Zimmerdecke und wirbelten in schwindelerregendem Funkeln umher, bis sie schnell genug waren, um zum Mond hinaufzufliegen. Sie strömten aus ihrem Fenster und verteilten sich über den ganzen Himmel. Es war das Schönste, was Stella je gesehen hatte.

Von da an waren die Nächte heller. Der Mond hatte viele Freunde und strahlte vor Glück.

Und im Licht des neuen Nachthimmels saßen Großmutter und Großvater auf der Bank vor ihrem Haus und erzählten Geschichten von alten Tagen. Und junge Pärchen schlenderten Hand in Hand durch die Straßen.

Und Stella saß mit ihrer Freundin draußen, und beide betrachteten die Sterne.

Die Kinder waren hingerissen. Sie wollten die Geschichte noch einmal hören. Ich sollte sie aufschreiben, damit sie sie mit nach Hause nehmen und ihren Eltern vorlesen könnten. Sie brannten darauf, über die Geschichte zu sprechen und ihre Bedeutung zu verstehen. Am stärksten berührte sie Stellas Geste, ihre Fähigkeit und Bereitschaft, an andere zu denken, mehr noch, von ihrer Welt etwas abzugeben, damit die Welt der anderen heller und freundlicher würde. Stellas

Großzügigkeit veranlaßte die Kinder, über ihre eigene Menschlichkeit nachzudenken. Ein Mädchen sagte: «Sie hat etwas Gutes getan. Es war ganz natürlich. Dasselbe würde jeder tun, wenn er könnte.» Ein anderes Mädchen griff den Gedanken auf und überlegte, ob ‹natürlich› das richtige Wort sei; sie meinte: «Viele Leute würden die Sterne sicher nicht mit anderen teilen wollen.» Im Handumdrehen entspann sich zwischen den Zehnjährigen eine angeregte Diskussion über Ausmaß und Grenzen der Großzügigkeit.

Wie ich bald erfuhr, sorgte «Sternzeit» und sein Star Stella mehrere Wochen lang bei vielen Kindern zu Hause für einigen Wirbel. Die Eltern lasen die Geschichte, lasen sie auch ihren Kindern noch einmal vor und sprachen mit ihnen darüber. Als wir später erneut darauf zurückkamen – ich bat einige Kinder, sie mit verteilten Rollen vorzulesen –, waren ihre Äußerungen noch einsichtiger, lebhafter und zuweilen sogar leidenschaftlich. Die Kinder dachten darüber nach, was *sie* besaßen, was sie mit anderen teilen könnten, und – was ebenfalls sehr wichtig ist – welche Konsequenzen das hätte.

Vom Wort zur Tat

Eine Liste von Eigenschaften zusammenzustellen, die kennzeichnen, was einen «guten» Menschen ausmacht, ist eine Sache. Etwas völlig anderes ist es, Tugenden wie Großzügigkeit, Freundlichkeit, Rücksicht, Sensibilität und Mitgefühl in Taten umzusetzen.

Als die Stunde vorüber war, glaubte ich, endlich das Patentrezept gefunden zu haben, nach dem Eltern immer suchen: Man nehme Substantive, die gute moralische Eigenschaften bezeichnen, und versuche gemeinsam mit seinen Kindern, sie in Verben umzuwandeln: in Aufgaben, die es zu erfüllen gilt, in Szenarien, die in praktisches Handeln umzusetzen sind. Im Laufe der Zeit bildet sich aus der Summe solcher Handlungen der Charakter eines Menschen. Indem wir in unserer Vorstellung konkrete Situationen durchspielen und dabei stets versuchen, die Frage nach dem richtigen Verhalten zu beantworten, ebnen wir gutem Handeln in der Praxis den Weg. Bloße Kataloge guter Eigenschaften, die Benennung von Werten und Tugenden hingegen vergessen wir ebenso rasch, wie wir sie auswendig gelernt haben.

Wir sprachen also über «Sternzeit». Und ich hatte die Kinder, wie gesagt, aufgefordert, anhand dieser Geschichte zu beschreiben, worin das Gute in einem Menschen besteht. «Wenn man jemandem etwas gibt, dann hat man damit etwas Gutes getan», meinte ein Junge. «Man hat der Welt einen Stern geschenkt, und das heißt, daß man besser ist als vorher. Aber man könnte auch wieder schlechter werden und es beim nächsten Mal anders machen, deshalb muß man immer weiter mit anderen teilen, sonst ist man einen Tag lang gut, und am nächsten ist alles wieder so wie vorher.» Während ich ihm zuhörte, mußte ich an den Mythos von Sisyphus denken, die Geschichte von dem Mann, der dazu verdammt ist, einen schweren Stein einen Berg hinaufzuwälzen, der ihm jedesmal, wenn er kurz vor dem Gipfel ist, entgleitet und wieder hinunterrollt – ein Bild für das ständige Ringen um unsere moralische Verbesserung und für die allgegenwärtige Möglichkeit, wieder zurückzufallen. Und ich dachte an Ralph W. Emerson, der mit seiner Vorstellung, jeder Tag sei ein Gott, das gewaltige moralische

Potential hervorhob, das eine bestimmte Zeitspanne enthält. All das spielte in die besorgten und anspruchsvollen ethischen Überlegungen dieses Kindes hinein.

Ein Dreizehnjähriger meinte zu mir: «Mein Vater sagt, reden kann man viel, wenn der Tag lang ist, aber es kommt darauf an, was man tut. Wenn man nett und höflich ist oder Leuten hilft und wenn man nicht besserwisserisch und gemein zu anderen ist, dann hat man schon einen Anfang gemacht. Das ist mehr wert als alles Gerede.» Einen Moment lang schwieg er, dann fügte er noch einen bemerkenswerten Gedanken hinzu: «Auch einer, der wirklich nett und gut und hilfsbereit ist, kann alles verderben: Wenn er nämlich ständig die Aufmerksamkeit auf sich lenkt und auf das, was er macht, all das Gute. Am Ende steht er als großer Egoist da, der nur auf Beifall aus ist.»

Daß vollendete Rechtschaffenheit in Selbstgerechtigkeit und Eigennutz umschlägt, ist sicher eine Gefahr bei vielen. Sie heben drohend den Zeigefinger gegen andere, während sie voller Stolz auf sich selbst zeigen. Im Laufe unserer Diskussionen äußerte sich der Junge noch mehrfach besorgt zu dieser Gefahr und gab dem Thema damit eine ganz neue Wendung. Wir alle müssen aufpassen, daß wir, während wir versuchen, gut und richtig zu handeln, nicht selbstgefällig und eingebildet werden, trunken von unseren eigenen guten Taten. Schließlich können sie uns wie der Fels von Sisyphus jeden Augenblick entgleiten.

Ein Film stellt Fragen:
«In den Straßen der Bronx»

Zusammen mit seinem drei Jahre älteren Bruder hatte dieser Junge den Film *In den Straßen der Bronx* von und mit Robert de Niro gesehen. Was dieser Film bei den beiden Jungen auslöste, wird mir immer in Erinnerung bleiben, obwohl ich auch andere Jugendliche kenne, die er sehr nachdenklich gemacht hat. Der Film spielt in einem italienischen Arbeiterviertel in der Bronx, wo der Busfahrer Lorenzo Anello mit seiner Frau und seinem Sohn Calogero, genannt C., wohnt. Der Vater, ein arbeitsamer, anständiger und bescheidener Mann, ist nicht bereit, sich der Autorität des örtlichen Gangsterbosses zu beugen, der mit eiserner Hand das Viertel terrorisiert. Der Junge wird Zeuge eines Mordes, den der Gangster begeht, und da er ihn nicht an die Polizei verrät, gewinnt er die Dankbarkeit des Mörders. Eine komplexe Freundschaft entwickelt sich, und C. hat bald zwei Väter: seinen biologischen Vater, der ihn in einem moralischen Geist erzieht, und jenen Mann, dessen Geschäfte offensichtlich außerhalb der Legalität liegen. Der Gangster kann nett, großzügig und sogar klug sein. Und es ist dieser Umstand, aus dem der Film seine moralische Stärke bezieht: Innerlich, im Herzen und im Bauch, verbünden wir uns mit diesem Jugendlichen, der zwischen verschiedenen Bindungen, Loyalitäten, Wünschen und Sehnsüchten hin und her gerissen ist und in einer Welt lebt, in der Gut und Böse sich nicht fein säuberlich unterscheiden lassen. Wie im realen Leben, und nicht nur in der Bronx, spielen auch Rassenfragen eine Rolle: Der Sohn italienischstämmiger Eltern fühlt sich zu einer schwarzen Schulkameradin hingezogen.

«Wir waren ganz weg von dem Film», meinte der ältere der beiden Brüder: «Man spürt diesen Sog; man sieht, daß der Vater recht hat, wenn er sagt, daß man einpacken kann, wenn man sich erst einmal mit diesen Mafialeuten eingelassen hat. Es kann schon sein, daß man mehr Geld verdient als auf irgendeine andere Weise, aber dafür hat man etwas viel Wichtigeres aufgegeben: Man ist nicht mehr frei. Man ist ein Gefangener, man gehört ihnen. Der Busfahrer ist sein eigener Herr, das ist der Unterschied. Wenn man sich von Leuten kaufen läßt, verliert man jede Achtung vor sich selbst. Wenn man zu dem steht, an das man glaubt, muß man sich nicht vor sich selbst verstecken. Dieser Mafiatyp also – der Film war toll, weil man sah, wie einsam er ist: Er hatte keine Familie. C. wurde ein Sohn für ihn. Da ist man hin und her gerissen: Einerseits hat der Vater recht, andererseits findet man auch, daß der Mafiatyp dem Jungen eine Menge zu sagen hat. Es ist nicht schwarz und weiß, nur gut oder nur schlecht, und das gleiche gilt auch für die Schwarzen und die Weißen in dem Film, da ist viel Angst dabei und Haß. Mal war ich auf der Seite der einen, mal auf der der anderen, den ganzen Film über ging das hin und her. Am Schluß dachte ich an den Vater und an das, was er gesagt hatte, und an den Gangster, den von der Mafia, und daß der auch gute Seiten hatte, aber trotzdem war er kein guter Mensch.»

Und der Junge fuhr fort: «Ich fand, in dem Film wurden eine Menge Fragen gestellt, die man sich selbst stellen muß: Woran glaubst du? Könnte dich jemand ‹kaufen›? Warum sind manche Leute böse und gemein, wenn sie sich damit doch nur selbst in Schwierigkeiten bringen, weil sie dann niemanden haben, dem sie vertrauen können? Wieso können die Menschen nicht leben und leben lassen, wie unser Pfarrer sagt, statt immer Streit zu suchen, die Schwarzen und wir, wie in dem Film. – So kann es gehen: Man kommt aus dem Kino und hat den ganzen Kopf voller Gedanken!»

Der Film hatte ihn veranlaßt, über richtig und falsch nachzudenken, Kategorien, die im Leben eben nicht immer so klar und deutlich voneinander unterschieden sind. Der Film hatte seinen Blick auf die Welt um ihn und die sittlichen Probleme, die sich in ihr stellen, geschärft. «Man fängt an nachzudenken, wie man leben wird, leben soll», meinte er.

Ein Sechzehnjähriger, der einen solchen Film unter diesem Aspekt betrachtet, der sich mit ganzem Herzen auf die moralischen Fragen, die der Film aufwirft, einläßt und sie sich schließlich zu eigen macht, ist meines Erachtens auf dem richtigen Weg. Dennoch, wie dieser Junge sehr klug und bescheiden meinte: «Man kann immer das Gleichgewicht verlieren, man ist nie gegen Fehler gefeit, darum muß man sich immer wieder neu vor Augen führen, was richtig und was falsch ist, sonst macht man immer wieder neue Fehler und steckt bald bis zum Hals in Schwierigkeiten.»

Ihm war klargeworden, daß wir ständig moralisch gefordert sind, daß wir die Bosheit und die Gemeinheit nicht ein für allemal überwinden und uns dann für den Rest unseres Lebens der moralischen Ernte dieses Sieges erfreuen. Jeder Tag ist ein Kampf, bei dem wir vor der Gefahr des Scheiterns nie sicher sind. Ein Film oder ein Buch, noch mehr aber bestimmte Situationen, mit denen wir in unserem Leben konfrontiert sind, können uns dabei Orientierung bieten. Moralisches Verhalten setzt deshalb nicht nur das aufmerksame Beobachten anderer voraus, auch unsere eigenen ethischen

Konflikte und die Versuche, sie zu lösen, müssen wir genau verfolgen. Darum geht es in diesem Film, und darum geht es in Ihrem und meinem Leben.

Ein schlechter Mensch

Wir alle stehen meines Erachtens vor der Aufgabe, uns nicht nur darüber klarzuwerden, was uns für die Entwicklung unserer Kinder in moralischer Hinsicht wünschenswert erscheint, sondern auch darüber, was abzulehnen ist. Es steht wohl außer Frage, daß viele Kinder sich unaufhaltsam in eine Richtung bewegen, die uns sehr besorgt machen muß. Wenn George Eliot noch lebte und sich mit jenen mehr als schwierigen Kindern auseinanderzusetzen hätte, Kindern, die anspruchsvoll und überempfindlich sind und nur an sich selbst denken, würde sie dem sicher zustimmen. Für viele Kinder und für viele Erwachsene besteht das Problem in einer Spannung: Wir wissen zwar relativ genau, was wir anstreben, aber stoßen dann bei uns wie auch bei anderen immer wieder auf das Hindernis des «unreflektierten Egoismus», wie George Eliot es in ihrem Roman *Middlemarch* nennt. Dieser Egoismus ist die Hauptursache dessen, was man als fragwürdiges Verhalten bezeichnen könnte.

Am besten nähern wir uns daher der Frage, welche Werte wir unseren Kindern vermitteln wollen, indem wir sowohl überlegen, wie wir unsere Kinder eigentlich nicht gern hätten, als auch, welche Tugenden sie denn besitzen sollten.

Zur ersten Kategorie gehört sicherlich eine destruktive Ichbezogenheit in ihren verschiedenen Erscheinungsformen. Wir alle kennen die Spannung zwischen natürlicher Selbst-

achtung und dem gelegentlichen Abgleiten in reine Selbst-
bezogenheit, in der wir unsere Verpflichtungen anderen gegenüber bzw. diese selbst aus dem Blick verlieren. Manche
lassen sich gar völlig von ihren Launen beherrschen und
nehmen keine Rücksicht mehr auf die Rechte anderer, ganz
zu schweigen von ihrer Verantwortung für eine Familie,
Schulklasse oder eine andere Gemeinschaft.

Elend sucht Gesellschaft

Eine Lehrerin, die in der vierten Jahrgangsstufe unterrichtete, erzählte mir: «Am ersten Schultag sage ich meinen Kindern, daß wir nicht nur unsere Lektionen, sondern auch
richtiges Benehmen lernen müssen.» Sie stellte fest: «Ich be-
reite den Unterricht immer sehr sorgfältig vor, obwohl ich
nun schon seit fünfzehn Jahren hier unterrichte. Schwierigkeiten mit den Kindern habe ich nur, wenn ich nicht vorbereitet bin. Neulich fing ein Junge an, mit einem anderen zu
schwätzen. Obwohl das schon tausendmal passiert ist, ist
die Situation für mich immer neu. Dieser Junge hörte nicht
auf, seinen Nebenmann zu stören, während der darauf offensichtlich nicht eingehen wollte. Er wußte, daß das nicht
in Ordnung war, und ich sah, wie er nervös in meine Richtung schaute. Jetzt wurde mir klar, was der erste Junge von
dem anderen wollte: Er sah auf das Blatt seines Mitschülers
(die Klasse saß gerade an einem Aufsatz). Ich wußte, er
schrieb nicht wirklich ab, aber er störte seinen Nachbarn,
wahrscheinlich, weil ihm selbst nichts einfiel. Wie sollte ich
mich also in dieser Situation verhalten?»

Die Lehrerin fügte hinzu: «Der Junge ist eigentlich sehr

schlau, fast schlauer, als gut ist. Er lenkt gern andere ab oder bringt sie in Schwierigkeiten. Aber er selbst mogelt sich immer raus und steht am Ende blendend da. Er schreibt tolle Aufsätze. Er ist der Gescheiteste in der ganzen Klasse, aber ein nettes Kind ist er nicht. Ich schätze seinen Verstand, aber sein Wesen kann ich nicht ausstehen. Mein Mann meint, an den Elite-Unis, wo er lehrt, gebe es solche Studenten wie Sand am Meer. Da sieht man also, wie es anfängt und wo es hinführt. Aber was man gegen diese frühe Neigung mancher Schüler zu Egoismus und Manipulation unternehmen soll, wie man in der Klasse erfolgreich als moralische Instanz – so könnte man es wohl nennen – wirken soll, das weiß ich nicht. Ich kann schreien, Strafen verhängen, sagen, das ist falsch, das ist richtig, aber oft habe ich das Gefühl, was ich sage, geht zum einen Ohr rein und zum anderen wieder raus.»

Nach einer Weile fuhr sie fort: «Inzwischen weiß ich, was ich hätte tun sollen. Einen Tag später fiel es mir ein, als ich nach Hause fuhr. Ich sah meine Klasse vor mir und diesen gescheiten Jungen, diesen Neunmalklugen, der seinen Nachbarn stört und nichts als Ärger macht, und da hörte ich mich sagen: ‹Junger Mann, Elend sucht wirklich Gesellschaft.› Er ist klug genug, er hätte begriffen, was ich meine. Ich glaube, es hätte ihn von seinem Treiben abgebracht und ihn nachdenklich gemacht. Aber ich hätte noch weiter gehen können. Ich hätte der Klasse sagen können, daß nichts so wichtig ist wie unser Verhalten anderen gegenüber. Ich hätte erklären können, was ich mit meiner Bemerkung ‹Elend sucht Gesellschaft› gemeint hatte: daß wir andere manchmal gerne in unsere Schwierigkeiten hineinziehen. Wenn ich mich langweile, sorge ich dafür, daß mein Nachbar sich auch langweilt. Wenn es mir schlechtgeht, sorge ich dafür, daß es auch einem anderen schlechtgeht. Ich hätte die ganze Klasse fragen können: Wie machen wir es besser, wie gehen wir dieser Falle aus dem Weg? Und ich hätte darüber hinaus fragen können: Was sollte eine Lehrerin tun, wenn sie sieht, daß einer ihrer Schüler die anderen stört, weil er von ihnen abschreibt oder schwätzt? Sprechen wir darüber! Schreiben wir einen Aufsatz zu diesem Thema! Lesen wir einige der Arbeiten vor! Schreiben wir – oder besser: der Junge, der uns das eingebrockt hat – an die Tafel: ‹Elend sucht Gesellschaft›. Eine Lektion in Psychologie wäre das, eine Lektion in Ethik! Sehen Sie, ich sprudele geradezu über vor Ideen, aber leider ist es jetzt zu spät. Schade, daß das so oft passiert: Wir verpassen den richtigen Moment, um einzuhaken. Die Frage ist: Warum? Wie können wir uns auf diese Situationen vorbereiten, so daß wir ‹zurückschlagen› können, wenn Kinder ‹zuschlagen›?»

Vom Bewußtsein zum Handeln

Eine andere Lehrerin dämpfte unseren Enthusiasmus und meinte: «Eine Garantie auf die erhoffte Wirkung gibt es nicht!» Dennoch hielten wir die Idee für gut, zu Vorkommnissen mit moralischen Implikationen von den Schülern Aufsätze schreiben zu lassen. So müßte sich jeder einzelne individuell mit dem Geschehen auseinandersetzen. Und die Einsichten, zu denen die Kinder beim Schreiben kommen würden, würden sie sicher nicht so schnell wieder vergessen.

Die erste Lehrerin fügte noch etwas hinzu: «Vielleicht hätte ich der Klasse etwas von mir erzählen sollen, etwas aus meinem Leben, ein Ereignis, das Ähnlichkeit mit dem hatte, was gerade vorgefallen war. Mir ist aufgefallen, daß man die Kinder wirklich kriegt, wenn man aufhört, sie von oben herab zu behandeln, und sich mit ihnen auf eine Stufe stellt. Aber man muß sehr vorsichtig sein. Man hat und braucht seine moralische Autorität. Wenn man diese Autorität aufgibt und sich ständig als Übeltäter produziert, das können sie nicht brauchen, das wollen sie auch nicht, auch wenn sie es momentan glauben. Sie sollen zu einem aufsehen. Aber es bieten sich ab und an Gelegenheiten, ihnen zu verstehen zu geben, daß das, womit sie sich herumschlagen, ihre, nun ja, Menschlichkeit ist. Man sollte von seinen eigenen Fehlern erzählen, davon, daß man sie eingesehen und bereut hat und versuchen will, sie in Zukunft zu vermeiden, und daß man dies auch von den Kindern erwartet. Indem man sich so selbst als Fallbeispiel heranzieht, bringt man den Kindern wirklich etwas bei.»

In kurzer Zeit waren wir schon weit gekommen. Wir hatten angefangen, über die Frage aller Fragen nachzudenken: Wie kommt man vom Bewußtsein zum Handeln, wie verbindet man die eigenen moralischen Belange mit seinen Verpflichtungen als Elternteil und Lehrer, wie vermittelt man jungen Menschen Werte so, daß sie nicht nur abstrakte Regeln bleiben, sondern das tägliche Leben der Kinder bestimmen?

Der Tyrann und der Hochstapler

Wenn Kinder willentlich boshaft sind, haben Eltern und Lehrer allen Grund, sich Sorgen zu machen. Ein achtjähriger Junge beschrieb das Verhalten eines solchen Kindes folgendermaßen: «Er sitzt an dem Tisch neben mir. Mich läßt er in Ruhe, weil er weiß, daß ich mich wehren kann. Aber er ist brutal, wirklich, er ist richtig gemein. Er sucht sich die Kinder raus, die schwächer sind als er, und von denen kriegt er, was er will. Sie helfen ihm bei den Schulaufgaben und sagen ihm vor. Sie geben ihm Süßigkeiten ab und lassen sich von ihm rumkommandieren. Er schreibt ab, das habe ich gesehen. Ich glaube, die Lehrerin weiß es, aber der Vater des Jungen ist Anwalt, und mein Vater sagt, sie hat wahrscheinlich Angst. Sie muß vorsichtig sein, sonst zeigt er sie an.»

Ein anderer Junge war ein Angeber, ein Großmaul, er schikanierte andere und war brutal und gefühllos. Dabei besaß er Witz, Cleverness und Charisma. Manche ließen sich daher von ihm leicht manipulieren, andere hingegen fühlten sich von seiner Art extrem abgestoßen. Die Lehrer standen ihm nicht alle kritisch gegenüber. Manche schätzten ihn wegen seiner Führungsqualitäten und trotz aller negativen Aspekte: Berechnung, Egoismus und Mißachtung all jener, die sich nicht auf seine Seite stellten. Der Junge, der diesen Klassenkameraden mir gegenüber gerade schonungslos kritisiert hatte, begann nun laut über sich selbst nachzudenken: «Manchmal ist er ein Schleimer, der meint, mit allem durchzukommen. Er ist ein gerissener Hochstapler, aber damit hat er immer Erfolg. Ich würde es nie schaffen, daß Menschen mir so nachliefen wie ihm. Da fehlt mir einfach etwas.»

Als ich besagten Jungen kennenlernte, war ich mir nicht sicher, was ich denken, geschweige denn sagen sollte. Vielleicht lag es daran, daß ich Erwachsener und Arzt war: Er war jedenfalls so auf der Hut, daß ich kaum mehr als seine höfliche Intelligenz wahrnahm und seinen Eifer, mich in ein nettes Gespräch zu verwickeln. Allerdings vertrat er eine Art

Philosophie, die man als Rechtfertigung für sein Verhalten gegenüber anderen verstehen konnte: «Du mußt selbst auf dich aufpassen, sonst geht es dir schlecht. Wenn jemand unfreundlich ist, solltest du einfach nicht darauf achten. Du gewinnst, wenn du genug Leute auf deiner Seite hast.»

Ich bat ihn, mir zu sagen, was für ihn ein guter Mensch sei. «Ein guter Mensch? Das ist einer, der seine Arbeit macht, der Erfolg hat, statt herumzulungern und nichts zu tun, jemand, der immer beschäftigt ist. Und der in die Kirche geht und seinen Kindern das Beste geben kann: ein schönes Zuhause und was sie sonst so brauchen. Er bezahlt seine Rechnungen und gibt nicht anderen die Schuld, wenn er Ärger hat. Das ist das Schlimmste: zu jammern und zu sagen: Das ist alles *deren* Schuld. Man muß tun, was man tun muß, und darf keine Angst haben. Und wenn dich jemand kritisiert, dann mußt du aufstehen und kämpfen, einfach weiterkämpfen, sonst stehst du am Ende unter der Fuchtel von anderen und hast deine Unabhängigkeit verloren.»

Eine kämpferische Erklärung, mit der er die Bedeutung der persönlichen Souveränität unterstrich. Während ich dem Jungen zuhörte, rang ich mit mir und rief mir ständig in Erinnerung, daß man in einem Gespräch wie diesem unterscheiden muß zwischen dem, was einem nicht gefällt, und dem, was «schlecht» ist. «Schlecht» nach welchen Maßstäben, fragte ich mich. Gut, der Junge hatte angeblich bei Prüfungen abgeschrieben, das war natürlich nicht in Ordnung. Aber angenommen, er hatte es nicht getan; angenommen, das eigentliche Problem sei sein energischer Überlebenswille, verbunden mit der relativen Gleichgültigkeit anderen gegenüber: Hätte ich es dann mit einem moralisch fragwürdigen Menschen zu tun oder mit einem, der Wertvorstellungen vertritt, die zwar nicht unbedingt meinen entsprechen, aber deshalb noch nicht in Bausch und Bogen zu verurteilen sind? Wenn wir nach einer allgemeingültigen Moral suchen, sind wir immer versucht, unseren individuellen Wertmaßstäben gegenüber denen anderer die Präferenz zu geben.

Die Hartherzigen

Wir alle sind Gesetzen unterworfen, und Kinder, die lügen, betrügen oder stehlen, handeln sicher nicht im Sinne der Moral. Kriminelle Handlungen von Jugendlichen, Gewalt und Vandalismus können im Interesse aller nicht einfach toleriert werden.

Andererseits ist der Umstand, daß sich ein bestimmtes Verhalten im Rahmen der Legalität bewegt, noch kein hinreichendes Kriterium dafür, daß es auch im moralischen Sinne vertretbar oder wünschenswert ist. Jugendliche, die sich im Rahmen des Erlaubten bewegen, die erfolgreich und beliebt sind, aber dennoch rücksichtslos, egoistisch und hartherzig erscheinen, stellen daher eine besondere Herausforderung dar, untersucht man ihr Verhalten unter moralischen Gesichtspunkten.

Manchmal bitte ich in solchen Fällen Kinder um Hilfe. Ich frage sie nach Kindern, die sie mögen, und solchen, die sie nicht mögen, und bitte sie, mir die Gründe für ihre Sympathien und Antipathien zu schildern. Auf diese Weise ist es leicht, in der Klasse oder zu Hause lebhafte Diskussionen in Gang zu bringen. Warum mögen wir gewisse Menschen und andere nicht? Wer ist nett, wer nicht und warum? In einer sechsten Klasse verurteilte eine Schülerin Selbstsucht rundweg, rechtfertigte sie jedoch andererseits als notwendig und wertvoll: «Wenn ich nicht für mich selbst sorge, wer tut es dann? Man muß immer wieder an seine eigenen Befürfnisse denken, auch wenn andere einen selbstsüchtig nennen. Statt andere zu verurteilen, sollten sie es lieber genauso machen und sich selbst helfen. Man wird schwach und verliert seine Unabhängigkeit, wenn man sich immer um andere kümmert.»

Einige der Mitschülerinnen und Mitschüler des Mädchens waren entsetzt über solch entschiedenes Eintreten für das, was man das «Eigeninteresse» nennt. Während ich dem Mädchen zuhörte, wurde mir wieder einmal klar, wie subjektiv moralische Urteile sind – ein Grund mehr, lange und gründlich darüber nachzudenken, für welche Werte wir gegenüber unseren Kindern und Schülern und als Bürger gegenüber der Gesellschaft eintreten. Die Crux liegt häufig in der Formulierung und der Interpretation der Tugenden und moralischen Qualitäten. Einmal schrieb ich in der besagten Klasse zum Beispiel das Wort «Güte» an die Tafel, ein anderes Mal «Mitgefühl» und wieder ein anderes Mal «schlechtes Verhalten». Ich war verblüfft über die Vielfalt und Unterschiedlichkeit dessen, was den Schülern dazu einfiel. Natürlich gab es gewisse Übereinstimmungen wie die, daß man für andere dasein soll, wenn sie Hilfe brauchen, doch einige Schüler machten schon an diesem Punkt Einschränkungen. Sicherlich solle man die Gesetze beachten, doch – darauf wiesen einige hin – nicht alle Gesetze sind gerecht: etwa die Rassentrennung oder, auch heute noch, die Todesstrafe, die im Konflikt mit dem Gebot «Du sollst nicht töten» steht.

Wenn wir wissen, welche Art von Verhalten wir ablehnen,

fällt es uns leichter, Richtlinien für unser eigenes Leben und für das Leben unserer Kinder aufzustellen. Warnungen und Verbote, die uns vermittelt wurden, müssen immer wieder überdacht werden. Was mißfällt uns an einer bestimmten Denk- oder Handlungsweise, und auf welchen Prinzipien oder Werten beruht diese Ablehnung?

Wir erliegen allzuoft der Versuchung, vorschnelle Schlüsse auf die Zukunft eines Menschen zu ziehen. Ich denke dabei an den klugen Gedanken, den George Eliot am Ende von *Middlemarch* formuliert:

Jede Grenze ist zugleich Anfang und Ende. Wer kann junge Menschen, die er lange begleitet hat, ohne den Wunsch zurücklassen, zu wissen, was in späteren Jahren aus ihnen geworden ist? Denn der Bruchteil eines Lebens, so typisch er auch sein mag, gibt keineswegs das Muster eines gleichmäßigen Gewebes wieder; Versprechen mögen sich nicht einlösen, und einem begeisterten Auftakt mag ein Abschwung folgen; latente Kräfte können eine lang erwartete Gelegenheit finden; ein früherer Fehler kann eine große Wiedergutmachung fordern.

Auf meisterhafte Weise beschreibt Eliot hier die Unwägbarkeiten des Lebens, seine Ironie, seine Widersprüche und seine Ungewißheiten. Diese Einsicht ist mehr wert als die Verallgemeinerungen und Patentrezepte, die im Namen moderner Wissenschaft angeboten werden. Nie kann es Gewißheit über den Ausgang geben, wenn der Charakter eines Menschen in Krisen und Entscheidungssituationen auf die Probe gestellt wird.

Zwischen gut und böse,
richtig und falsch: Scheidewege

In diesem Buch möchte ich den moralischen Ernst und die moralische Neugier von Kindern darstellen und damit die Wichtigkeit einer Moralerziehung unterstreichen. Orientierung ist etwas, was junge Menschen brauchen und wonach sie auf eigene Faust wie auch mit Hilfe von Erwachsenen unaufhörlich suchen. Darüber hinaus soll dieses Buch deutlich machen, daß wir Erwachsenen eine Moralerziehung am überzeugendsten durch unser Vorbild leisten: Unsere Kinder werden zu Zeugen unseres Lebens und unserer Art, mit anderen umzugehen, und übernehmen allmählich das Verhalten, das sie an uns beobachten. Sicher können auch andere Faktoren eine große Rolle spielen: Seien es Predigten in der Kirche, seien es Gespräche oder aber die Auseinandersetzung mit moralischen Fragen in der Literatur. Doch am Ende sind es die kleinen Momente des Alltags, die für die Ausbildung unserer Moral am bedeutendsten sind.

«Mein Vater ist ein großer Schwätzer: Er sagt das eine, aber tut etwas anderes», meint ein zynischer Teenager. Ein Schulpsychologe und ein Jugendrichter hatten diesen Jungen 1958 verurteilt. Ich lernte damals gerade, Gespräche mit solchen Menschen zu führen, mit Vertretern der «verwahrlosten Jugend», wie der Psychoanalytiker August Aichhorn sie nannte. Anna Freud sprach häufig über Aichhorn und sein enormes Geschick bei der Arbeit mit gestörten, asozialen Jugendlichen. «Er hatte herausgefunden, daß die Verwahrlosung dieser jungen Männer meist direkt proportional zu den Besonderheiten ihrer ethischen Erziehung war.»

Ich fragte, was sie mit «Besonderheiten» meine, und sie antwortete: «Ich glaube, er hat bereits früh in seiner Arbeit festgestellt, daß manche jungen Menschen, die auf dem Weg in die falsche Richtung sind, diese Richtung schon seit langem eingeschlagen haben. Einmal sagte er: ‹Mir ist aufgefallen, daß viele von diesen Jungen, die nichts als Probleme machen, offenbar sehr anständige Eltern haben. Sie reden viel, aber ihre Kinder sind ihnen auf die Spur gekommen. Ihr Familiengeheimnis wird durch das Kind enthüllt, das der Welt sagt: ‹Seht her, sie mögen zwar ordentlich und anständig erscheinen, aber ich weiß mehr, und was ich herausgefunden habe, ist ein wichtiger Bestandteil meines Lebens geworden!› Wir waren alle ziemlich beeindruckt von dieser Arbeit; er war ein guter Detektiv – in der Psychoanalyse muß man das manchmal sein.»

In diesem Kapitel möchte ich zeigen, wie Kinder zu Hause, in der Schule und in ihrer Umgebung etwas über Moral lernen. Ganz allgemein beruft man sich heutzutage ja gern auf die Psychologie. Das ist durchaus verständlich: Wir wissen mittlerweile sehr viel darüber, was zwischen Eltern und Kindern geschieht, über die Sorgen junger Menschen, über ihre Ängste und Nöte und über psychische Mechanismen; Jugendliche stehen im Mittelpunkt einer eigenen klinischen Fachrichtung, der Jugendmedizin.

Wenn ich mit Eltern und Lehrern spreche, erzählen sie mir immer wieder von diesem und jenem Jugendlichen, der das eine oder andere «emotionale Problem» hat oder hatte. Manchmal handelt es sich um kognitive Probleme: Ein Kind kommt in der Schule nicht mit und soll «getestet» werden. Ein befreundeter Schulpsychologe und ich haben uns die Frage gestellt, was Eltern und Lehrer wohl in früheren Jahrzehnten gemacht haben, als es noch keine Fachleute gab, die man zu Rate ziehen konnte. Inzwischen ist es gang und gäbe, etwa einen Schulpsychologen um Hilfe zu bitten, sobald ein Kind in einer Krise steckt. Mit Hilfe von Tests und Gesprächen soll er sich dann ein Urteil bilden. Und die Fragen, die man ihm stellt, sind immer dieselben: Ist dieses Kind in der richtigen Klasse, ist es über- oder unterfordert? Macht dieses Kind eine Phase der Anspannung und Nervosität durch, befindet es sich gar in einer psychischen Notlage?

Ich selbst war als Berater für Schulen tätig und habe die Situation oft erlebt: Den Experten wird ein Kind vorgestellt, das sie im Hinblick auf psychologische, medizinische oder kognitive Aspekte begutachten sollen. Doch oftmals schien mir das Problem viel eher ein moralisches zu sein. Sicherlich ist die «Psychodynamik», sind die Herkunft des Kindes, seine Familie und seine medizinische Vorgeschichte nicht zu unterschätzen, wenn wir versuchen, ein bestimmtes Fehlverhalten zu erklären. Doch wie Erik H. Erikson einmal erklärte: «Heutzutage verwenden wir viel Zeit darauf, das Offensichtliche zu meiden.» Er selbst behandelte in den zwanziger und dreißiger Jahren Jugendliche, die mit der öffentlichen Moral, wenn nicht gar mit dem Gesetz in Konflikt geraten waren. Man kommt dann gar nicht umhin, nach der individuellen Moral zu fragen, nach dem «Charakter», den moralischen Grundannahmen, Einstellungen und Wertvorstellungen eines Jungen oder Mädchens.

Bevor ich mich unter allgemeineren Gesichtspunkten der moralischen Entwicklung von Kindern von ihrer frühesten Kindheit bis zur Jugend beschäftige, möchte ich zwei Geschichten aus meiner klinischen Erfahrung erzählen, Geschichten, die uns auch etwas über Moral lehren können. In beiden Fällen befand sich ein Kind in einer Krise im ursprünglichen Sinne des Wortes, an einem moralischen Scheideweg.

Marie, Charlie und die Clique: Alkohol und Drogen

Vor einiger Zeit lernte ich eine Gruppe älterer Schüler kennen, die sich «Die Clique» nannte. Es handelte sich um einige Jugendliche, die stets unter sich blieben: vier Jungen und drei Mädchen, die zwischen sechzehn und achtzehn Jahre alt waren. Die Rädelsführer, wie sie sich selbst zum Spaß nannten, waren Marie und Charlie, zwei starke und charismatische Persönlichkeiten. Sie steckten ständig zusammen, entweder bei dem einen oder anderen zu Hause oder in der Stadt, wo sie in Popkonzerte gingen und sich «etwas zu rauchen» besorgten, was eine Umschreibung sowohl für Zigaretten als auch für Haschisch war. Außerdem tranken sie Unmengen Bier, und sowohl Charlie als auch Marie nahmen gelegentlich Kokain. Alle Mitglieder der Clique billigten das. Sie hatten ältere Freunde, die das gleiche taten. Charlie hatte einen älteren Bruder, der der Clique ab und zu «Gras» besorgte, ganz zu schweigen von etlichen Flaschen Whiskey.

Ich begegnete diesen Jugendlichen während meiner Forschungsarbeit an der renommierten Privatschule, die sie besuchten. Und ich war nicht der einzige, der über ihren

Drogenkonsum Bescheid wußte. Mehrere Lehrer vermuteten etwas in dieser Richtung, konnten aber nichts beweisen. Auch ihren Mitschülern war die Sache nicht verborgen geblieben. Sie hatten den Stoff gesehen und wollten ihn natürlich auch probieren: Warum nicht? Immer nur lernen, immer nur Sport und Fitness, all die Verbote – was ist denn das für ein Leben, wer macht so etwas freiwillig?

«Na und?» meinten sie, als ich sie mit meinen Eindrücken konfrontierte. Charlie: «Sie müssen sich das längere Zeit ansehen, sonst verstehen Sie das nicht.» Marie: «Auf diese Weise haben wir viel weniger Streß. Mit dem Kraut bleibst du nett und freundlich, da rastet man nicht dauernd aus. Und genau das will die Schule doch in Wahrheit: keinen Ärger. Die Lehrer saufen sich eben zu, ist das vielleicht besser? Viele von denen sind doch Heuchler, die halten große Reden, aber wir fallen darauf nicht so leicht rein, wie die denken. Da ist der Typ, der seine Frau mit der neuen Lehrerin betrügt. Dann haben wir eine Lehrerin, die jeden Abend zu den Anonymen Alkoholikern geht, nicht einen Tag kann die auslassen! Und dann gibt es den, der jedes Wochenende wegfährt, und wenn er wiederkommt, zittern seine Hände, und sein Gesicht ist knallrot. Neulich habe ich im Fernsehen diesen alten Film gesehen, *Das verlorene Wochenende*, von dem versoffenen Schriftsteller, der allmählich immer mehr verkommt. Den habe ich mir aus der Videothek ausgeliehen und ihm in sein Fach gelegt. Dummerweise hat er ihn nie zurückgegeben.»

Sie wisse noch mehr, versicherte sie mir, als sei ich ein Naivling und sie eine kampferprobte Veteranin unzähliger moralischer Kriege. Ihre «Erfahrungen» hatten sich zu einem tiefsitzenden Bewußtsein von der Scheinheiligkeit Erwachsener verfestigt, das für sie und den Rest der Clique nun eine bequeme Rechtfertigung dafür lieferte, zum Rauchen heimlich das Schulgelände zu verlassen, sich am Wochenende zu betrinken oder Kokain zu schnupfen. Sie gingen zu älteren Freunden, gaben sich die «Dröhnung» und waren am nächsten Schultag «zu müde, um sich über den Laden noch aufzuregen», wie Marie es ausdrückte.

Ich lernte eine Menge, während die Mitglieder der Clique in meinem Büro saßen und mehr und mehr erzählten. Allmählich fing jedoch ich an, mir Sorgen über meine Verantwortung und meine Pflichten zu machen: Sollte ich den Mund halten? Mit der Schulleitung sprechen? Den Leuten von der Clique selbst offen sagen, daß ich, was sie mir erzählt hatten, anderen gegenüber kaum verschweigen konnte? Eher Arzt statt Chronist sein oder von beidem ein bißchen? Je mehr sie mir erzählten, desto mehr wurde ich in die Vorgänge hineingezogen. Das brachte mich in einen immer größeren Konflikt. Noch schwieriger wurde es, als ich den Schülern klarmachen wollte, daß sie die Gesetze verletzten, wenn sie in ihrem Alter Alkohol, Zigaretten und Drogen kauften. Sie versuchten, mich zu beruhigen: «Machen Sie sich keine Sorgen, Mann, das geht schon in Ordnung.» Und als ich vorsichtig darauf hinwies, daß auch ich Schwierigkeiten bekommen könnte, meinten sie nur: «Keine Angst, von uns erfährt niemand etwas; wenn uns jemand fragt, sind Sie clean!»

Doch mittlerweile hatte ich tatsächlich Angst. Die zu nichts führende Diskussion mit den Jugendlichen hatte mich nervös und ärgerlich gemacht, und ich spürte, wie ich allmählich Kopfschmerzen bekam. Wenn ich ein Aspirin zur Hand gehabt hätte, hätte ich es in ihrer Gegenwart genommen? Es wäre nicht nur ein Eingeständnis meiner Hilflosigkeit gewesen, sondern vor allem der Beweis, daß auch ich gelegentlich Zuflucht zu «Drogen» nahm.

Während das Gespräch weiterging, zog ich bereits ein vorläufiges Fazit: Diese Jugendlichen sind egozentrisch, rotzig, verwöhnt, selbstgefällig und so weiter. Wer kümmert sich um sie? Angeblich das Internat, aber es gelingt ihnen immer, das kollektive Auge der Schule zu täuschen. Sie sind sich sogar sicher, daß einige Lehrer genau wissen, was vorgeht, aber einfach wegsehen: «Was sollen sie schon machen? Die sind doch auch froh, wenn sie keinen Ärger kriegen!» Wieso würden sie denn Ärger kriegen, wenn sie gegen solche Zustände vorgehen?, frage ich erstaunt und ungläubig. Ach Gott, wie naiv! Wie stünde die Schule denn da, klären sie mich auf, wenn die Eltern sauer würden? Warum sauer? Na, die Eltern haben doch viel zu tun, *sehr* viel, und deshalb haben sie ihre Kinder ins Internat gesteckt: um sie los zu sein. Wenn die zum Elternabend kommen müßten, würden die ausflippen. Sie würden sagen: Was ist denn das für ein Laden? Wir vertrauen euch unsere Kinder an, und ihr kapituliert einfach? Schweigend und selbstgewiß deuteten fünf der Clique auf Charlie und Marie. Deren Eltern saßen im Aufsichtsrat der Schule! Ich grinste, was sie als Zeichen verstanden, daß ich ihrem Rat folgen und mich nicht weiter aufregen würde. Dann beendete ich das Treffen, das achte mit ihnen, um mir etwas gegen meine Kopfschmerzen zu holen. Außerdem wollte ich Kollegen und meine Frau um Rat fragen.

Was sollte ich mit diesen Jugendlichen anfangen, wie reagieren auf das, was sie über die Schule und über ihre Eltern gesagt hatten? Zwei Kopfschmerztabletten halfen mir da auch nicht weiter. Der Ursprung des Problems, so wurde mir allmählich klar, lag in der Tatsache, daß die Lehrer an dieser Schule nicht die nötige moralische Autorität für den Umgang mit diesen Jugendlichen hatten. Sollte ich dem Direktor einen Besuch abstatten? Sollte ich aufhören, mich weiter mit der Clique zu treffen – schließlich hatte ich erfahren, was ich wissen mußte, und ihre Eskapaden gingen mich nichts an. Nebenbei mußte ich mir wieder ins Gedächtnis rufen, daß meine Gespräche immerhin von der Schule, den Eltern und den Jugendlichen gebilligt wurden und ich allen Beteiligten Vertraulichkeit zugesichert hatte.

All das ging mir durch den Kopf. Schließlich entschloß ich mich, sie noch einmal zu treffen. Es gab viel zu sagen, denn ich machte mir wirklich Sorgen und ließ sie das auch wissen. Was denn bloß in mich gefahren sei, fragen sie mich unbeteiligt. Wo liege das Problem?

Ich sage es ihnen: Ich spreche über Regeln und Gesetze und, konkreter, über ihr Zuhause. Ich spreche über Psychologie und über Drogen als Form der Selbstmedikation, zur Schmerzlinderung. (In dieser Passage der Predigt mußte ich an die Schmerztabletten denken.) Sie hören zu, nicken – keine wirkliche Auseinandersetzung: Ich mag ja viel wissen, sagen sie, aber von dem Leben und den Werten ihrer Generation habe ich keine Ahnung. Ich lächele, dann ärgere ich mich aber doch so sehr, daß ich sage: Ganz so ahnungslos bin ich nun auch wieder nicht. – Ein lächerliches Gefecht: ihre Arroganz und Eitelkeit gegen meinen berufsbedingten Egoismus, gegen den verletzten Narzißmus des Wissenschaftlers, der es gewöhnt ist, stets auf Ehrfurcht und Hochachtung zu treffen. Ich versuche es mit verschiedenen möglichen Lösungen. Ich erwähne, daß meine Arbeit, die

Forschung, deren Bestandteil die Gespräche mit ihnen gewesen seien, nun zu Ende gehe. Ich danke ihnen für ihre Geduld und ihre Mitarbeit. Schon gut, schon gut, sagen sie, dann gehen wir jetzt. Nein, noch nicht, sage ich, ich sehe da einen Konflikt. Das Wort löst bei ihnen offensichtlich Mitleid aus, das sich in ihren weitgeöffneten Augen, den mir zugeneigten Köpfen, ihrer Körperhaltung und in ihrer gespannten Aufmerksamkeit ausdrückt. Dann spiele ich meine Karte aus: «Einen moralischen Konflikt.»

Ich bemühe mich, das «moralisch» nicht zu stark zu betonen, sondern die Worte beiläufig hinzuwerfen. Ja, kann schon sein, antworten sie zunächst ungerührt. Aber sie greifen das Stichwort rasch auf – und schon sind wir mitten in einem hitzigen Streit. Der Kern ihrer Argumentation: Ich würde ein Problem sehen, wo es keines gibt. Der Kern meiner Argumentation: Ich kann nicht einfach tschüs und danke sagen und ihnen viel Spaß beim Psychiater wünschen. Sie darauf: Was werden Sie tun? Meine Antwort: Ich werde euch noch mal sagen, worum es hier geht: um die Wahrheit, um die Gesetze, um richtig und falsch und um Selbstbetrug. Ich wiederhole, daß sie gegen das Gesetz verstoßen haben, daß sie mit den Drogen ihrem Geist und ihrem Körper schaden, daß sie sich moralisch und psychisch in einer Sackgasse befinden. Sie hören zwar zu, allerdings nicht mit der Aufmerksamkeit, die ich mir wünschte. Ich tue ihnen leid. Sie sind von mir enttäuscht. Aber sie sind auch von sich selbst enttäuscht. Sie hatten gedacht, mich mit ihrer Großspurigkeit und Coolness beeindrucken zu können.

Ich sage mir, daß wir hier einen Deal machen müssen – interessant, daß gerade dieses Wort mir in den Sinn kommt, da es ja im Widerspruch zu allen Fragen der Moral steht. Ich sage ihnen, ich wisse ihr Vertrauen zu würdigen, und verspreche ihnen, sie nicht anzuschwärzen. Dann komme ich darauf zurück, daß Drogen eine Art Killer sind, Schmerzkiller. Sprechen wir also darüber. Ich frage sie, ob sie glaubten, daß man im Leben Schmerzen immer vermeiden könne. Ich frage, ob sie nicht glaubten, für das Betäuben des Schmerzes später mit noch größerem Schmerz bezahlen zu müssen. Ich weise sie darauf hin, daß man sich zum Verbündeten der Drogen macht, wenn man ihre Gefahren nicht ausspricht, daß man dabei moralisch wie psychisch Schaden nimmt: Ihr übertretet *hier* ein Gesetz, dreht *da* irgendein Ding, und schon kommt ihr von der schiefen Bahn nicht mehr herunter. Das Beste, was wir, die wir euch kennen, machen können, ist, euch zu sagen, daß ihr euch jede Menge Probleme einhandelt – vor allem mit euch selbst, aber auch mit der Schule, der Polizei und der Gesellschaft allgemein.

Nach dreistündiger «Moralpredigt» erntete ich abermals nicht viel mehr als höhnische Enttäuschung: «Sagt ihr jetzt vielleicht auch mal was?» platze ich heraus. «Es geht mir doch nicht darum, euch an den Pranger zu stellen!» Ich besinne mich für einen Moment und versuche es noch einmal: «Was ich will, ist, euch zur Umkehr zu bewegen. Ich muß das sagen, obwohl ich weiß, daß ihr nur lachen werdet. Ihr denkt sicher: Was will dieser Typ? Der ist ja ganz schön anmaßend!»

Obwohl ich keine Chance hatte, zog ich alle Register. Es blieb mir aber ohnehin nichts weiter übrig, als es mit einer Mischung aus Schmeichelei, Strenge und Verzweiflung zu versuchen: Ich bin auf eurer Seite, ich spreche eure Sprache, laßt uns gemeinsam einen Ausweg suchen! – Sie ließen mich auflaufen. Wir trennten uns reservierter denn je. Die eherne

Regel der Feldforschung, wonach die Resultate um so besser sind, je mehr Zeit man mit den Menschen verbringt, traf hier nicht zu.

Eine Woche später, nach langen Gesprächen mit meiner Frau und einigen Freunden und Kollegen, machte ich einen Routinebesuch beim Direktor des Internats, um ganz allgemein von meinen Eindrücken zu berichten. Ich fühlte mich unbehaglich und fürchtete, einer von der Clique könne mich entdecken. Fast schämte ich mich wohl ein bißchen, als täte ich etwas Falsches. Doch ich mußte mich zusammennehmen: Wenn ich mir Sorgen machte, dann über diese Jugendlichen, die sich benahmen wie verwöhnte Kinder. Was aber sollte ich dem Direktor sagen? Kurz darauf saß ich in seinem Büro. Ich sagte wenig, blieb ausweichend und allgemein und bedankte mich höflich für die Erlaubnis, überhaupt an seiner Schule forschen zu können.

Zuletzt konnte ich es mir aber doch nicht verkneifen, noch etwas hinzuzufügen. Erst redete ich um den heißen Brei herum, bemerkte aber schnell, daß er verstand, worauf ich hinauswollte. Ich gab zu, daß ich mir Sorgen um die besagten Jugendlichen machte. Ja, sicher, antwortete er und sah mir in die Augen: «Ich verstehe, weshalb.» Ich hätte gerne gewußt, was er mit diesem «weshalb» meinte, aber er sagte es mir nicht. Also fragte ich ihn nach den Leistungen der «Rädelsführer», Charlie und Marie, und nach ihren Chancen, einen guten Abschluß zu machen. Wieder sah er mich offen an und sagte mir, daß beide recht intelligent seien und die Klassenbesten sein könnten, daß sie aber wegen ihrer «Probleme» nur mittelmäßige bis schlechte Noten bekämen.

Ihre «Probleme»: jetzt waren wir bei meinem Thema. Ja,

die haben sie sicher, sagte ich vage. Darauf überraschte er mich mit der Frage, worin diese Probleme meiner Ansicht nach lägen. Ich sah ihn an und entschloß mich, auszupacken. Doch dann zögerte ich erneut: «Ich glaube, sie haben ziemlich große Probleme.» Er antwortete: «Den Eindruck haben wir auch.» Wen mochte er mit diesem «wir» meinen? Lehrer, die Bescheid wissen und mit dem Direktor gesprochen haben? Ich traute mich nicht, zu fragen, obwohl das, was wir gerade besprachen, eigentlich uns alle betraf. Diese Jugendlichen hatten nicht nur persönliche Probleme. Sie nahmen Drogen, und sie verkauften sie in der Schule, wenn auch nicht, um dabei reich zu werden.

«Ich fürchte, diese Schüler könnten in Konflikt mit dem Gesetz geraten.» Er nickte nachdrücklich. Wieviel weiß er? fragte ich mich. Wenn er wußte, was ich wußte, wieso hat er dann nicht längst etwas unternommen? Ich versuchte, ihn höflich, aber mit Nachdruck auszufragen: «Ich hoffe, es ist noch nicht zu spät.» Endlich rückte er heraus: «Wir sind uns ziemlich sicher, daß sie Drogen nehmen, aber wir haben keinen stichhaltigen Beweis. Wir haben sie genau im Auge, aber sie sind ziemlich gerissen und vorsichtiger, als andere unserer Schüler es in der Vergangenheit waren.»

Er machte eine kurze Pause und begab sich dann nachdenklich auf mein Terrain, die Psychologie: «Ich halte das für ein gutes Zeichen. Wenn es ihnen wirklich schlechtginge, würden sie straucheln. Die Lehrer oder die Polizei würden sie erwischen. Ein Fehler würde genügen, und die Sache wäre gelaufen. Tatsache ist, daß wir nur einen Verdacht haben, gut, mehr als einen Verdacht: Wir haben viele Hinweise bekommen, von zuverlässigen, ehrlichen und wohlmeinenden Schülern, die denen nichts Böses wollen.

Das ist eine ernste Angelegenheit, eine sehr ernste. Aber ich habe gelernt, daß man solchen Schülern – ich sage es nicht gerne –, daß man solchen Schülern die lange Leine geben muß. Erst wenn wirklich etwas passiert, wachen die Eltern auf. Käme man ihnen jetzt damit, würden sie nur empört reagieren: Wie können Sie es wagen, so etwas zu behaupten? Dasselbe gilt für die Jugendlichen. Solange nichts Ernstes vorgefallen ist, werden sie weiterhin alles abstreiten. Daß wir Bescheid wissen, haben wir ihnen ja längst zu verstehen gegeben.»

Ich will die große Bedeutung, die der Grundsatz *in dubio pro reo* in einem Rechtsstaat hat, nicht bestreiten, aber kann man, fragte ich mich, angesichts solcher Vorkommnisse einfach die Hände in den Schoß legen? Als der Direktor mich zur Tür begleitete, blieb er plötzlich stehen, sah mich an und fragte: «Was würden Sie an meiner Stelle tun?» Ich hatte keine Antwort darauf, meine Gedanken überschlugen sich: Ich würde auf eine medizinische Untersuchung der Schüler bestehen, möglicherweise sogar Urintests. Ich würde Psychologen hinzuziehen. Ich würde die Jugendlichen mit den Fakten konfrontieren und sie in letzter Konsequenz auffordern, die Schule zu verlassen.

Etwas in dieser Richtung wollte ich sagen, doch ich mußte mir eingestehen, daß das nur leeres Gerede gewesen wäre. Also sagte ich statt dessen verzagt: «Es ist schon traurig: Es gibt offenbar keine Sprache, in der wir diese Dinge klären könnten, bevor es zu strafrechtlichen Konsequenzen kommt.»

Auf dem Heimweg mußte ich nicht nur an die Clique von Charlie und Marie denken, sondern auch an uns Erwachsene, an *unsere* Clique: eine säkulare Gesellschaft, die sich aufgeklärt nennt und die dennoch hilflos reagiert, wenn ihre Kinder auf Abwegen sind. Wir warten, bis das Kind oder der Jugendliche auf frischer Tat ertappt wird, und haben dann lediglich therapeutische Ratschläge anzubieten. Um noch einmal Anna Freud zu zitieren: «Im Gespräch mit manchen Jugendlichen stelle ich fest, daß sie immer ganz genau zu wissen meinen, was die anderen falsch machen. Ob sie hingegen selbst etwas Falsches tun, wann und warum man eine falsche Richtung einschlägt, darauf wissen sie keine Antwort.»

Dieser Gedanke ging mir durch den Kopf, während ich von der Schule nach Hause fuhr. Gleichzeitig stellte ich mir Anna Freud am Steuer eines Busses vor, in dem die ganze Clique sitzt. In ihrem wunderbaren Wiener Akzent erklärt sie ihnen, daß sie mit ihnen *ihren* Weg fahren wird, nicht den, den die Clique nehmen will. Und als die Jugendlichen sie umstimmen wollen, erwidert sie nur knapp: «Nichts zu machen.»

Ich überlegte, welche konkreten Vorschläge ich dem Direktor machen könnte. Er sollte diese Schüler zu sich bestellen und ihnen sagen, was er wisse und daß er diese Dinge keinesfalls billigen oder tolerieren werde. Er sollte die Lehrer zu sich rufen und sich ihrer Unterstützung für seine Entscheidung versichern, die Entscheidung, gegen Vergehen einzuschreiten, sobald sie entdeckt werden. Er sollte die Eltern dieser Jugendlichen zu sich bestellen und ihnen sein Konzept der praktischen moralischen Führung erläutern. Er sollte deutlich zu erkennen geben, daß er von diesem Standpunkt nicht abrücken werde, daß man ihn also entlassen müßte, falls man damit nicht einverstanden sei. Er sollte verlangen, daß moralische Fragen im Literaturunterricht und im Rah-

men von Diskussionen im Geschichts- und Sozialkunde-
unterricht behandelt würden. Er sollte Gäste zu Vorträgen in
den Unterricht einladen: Psychologen natürlich, aber auch
Sportler und andere Persönlichkeiten, die für die Schüler
eine starke moralische Glaubwürdigkeit besitzen. All das
wären Möglichkeiten, ein «Meinungsklima» zu schaffen,
wie W. H. Auden es nennt, das Lehrern wie Schülern eindeu-
tig vermittelte, was in der Schule toleriert wird und was
nicht.

Gefahren über Gefahren:
Frühe sexuelle Aktivitäten Jugendlicher

Ich sitze mit drei vierzehnjährigen Mädchen zusammen.
Eine von ihnen ist schwanger, die beiden anderen beneiden
und bewundern sie deshalb. Auch sie wollen bald Kinder haben. Seit fünf Jahren führe ich im Rahmen einer Untersuchung über frühe sexuelle Aktivitäten Jugendlicher Gespräche mit diesen jungen Frauen und ihren Freunden. Ich habe
Dutzende Geschichten gesammelt und bin mittlerweile so
weit, daß ich ungläubig den Kopf schüttele, wenn ich eine,
sagen wir, Sechzehnjährige treffe, die noch keine sexuellen
Erfahrungen gemacht hat.

Die drei jungen Frauen, denen ich nun gegenübersitze, haben Sex schon als Kind kennengelernt. Jede von ihnen erinnert sich an sexuellen Mißbrauch durch Mitglieder ihrer
Familie oder durch Bekannte. Eine Zeitlang vermutete ich
irrtümlich, daß sie ein völlig entspanntes Verhältnis zum Sex
hätten. Doch wenn mehrere dieser Mädchen zusammen-
sitzen – sie fühlen sich dann offenbar stärker, haben mehr

Selbstvertrauen und sind gesprächiger –, kommen Geschichten von Angst, Verletzung und Schrecken ans Tageslicht: grauenvolle Geschichten von Kindern, die mißhandelt wurden, wie man es sich als halbwegs normaler Mensch kaum vorstellen kann. Die schreckliche Ironie besteht darin, daß sie froh sind, daß Männer sie «besuchen», froh, Mutter zu werden oder auf dem besten Weg dahin zu sein, obwohl sie wissen, daß sie dann ebenso allein und hilflos sein werden, wie sie es als jüngere Mädchen waren. Gibt es denn keinen Ausweg? frage ich die drei, zu denen ich seit langem ein vertrauensvolles Verhältnis habe.

Delia und ihre Freundinnen

Delia, Mutter eines sechs Monate alten Mädchens, hat mehr Distanz zu sich und ihrer Situation, als man erwarten würde. Sie führt das auf ihr Kind zurück, aber ich habe diese Seite an ihr bereits bemerkt, bevor sie schwanger wurde. Daß sie ein Kind erwartete, hörte ich von ihrer Lehrerin, der es um die Chancen, die das Mädchen gehabt hätte, leid tat: «Sie ist sehr gescheit, aber sie weiß es nicht, und niemand hat ihr die Möglichkeit gegeben, es herauszufinden.»

In einem langen Monolog erzählt Delia von einem Leben voller Sex und Gewalt, das schon in ihrer frühesten Kindheit begann. «Ich erinnere mich an zwei Männer. Ich weiß nicht genau, wer sie waren. Das heißt, ich kann ihre Gesichter nicht sehen, nur was darunter ist: ihre Arme und Beine, die sich auf mich zubewegen. Mamas Freunde, vermute ich. Einer von ihnen könnte mein Vater gewesen sein, ich weiß es nicht. Mama hat mir nie gesagt, wer er ist. In meiner Phantasie suche ich immer nach ihm. Wenn ich einen netten Mann sehe, zum Beispiel in einem Laden, oder wie meinen Lieblingslehrer, den wir in der sechsten Klasse hatten, dann denke ich, wenn das doch mein Vater wäre! Albern, ich weiß. Aber im Fernsehen habe ich mal eine Talk-Show gesehen, da waren lauter Leute wie ich: Sie haben ihren Vater nie gekannt, und ihre Mütter mußten arbeiten oder bekamen Sozialhilfe; oder sie wurden krank, nahmen Drogen und so, und konnten keine guten Mütter mehr sein. Meine Oma hat sich bemüht, sie hätte mich, meine beiden Schwestern und meinen Bruder ‹retten› können, aber eine Kugel hat sie erwischt. Sie kam vom Einkaufen und ist in diese Schießerei reingeraten. Das war für mich das Ende der Welt. Ich glaube nicht, daß es je einen Neuanfang geben wird. Man versucht eben nur, ein bißchen Ruhe und Frieden zu finden, und selbst das kann schon ziemlich schwierig sein. Ich schau meine Tochter Sally an und sage mir: Ich versuche, ein besseres Los für dich zu ziehen, aber es gibt nur eine kleine Chance, daß du gewinnst – du und ich, wir beide.

Sie fragen, was ich dafür tue? Ich weiß nicht, ich kann nur hoffen. Die Lehrerin hat gesagt, sieh zu, daß du die Schule weitermachst. Aber ich kenne Leute, die bis zum Abschluß auf der Schule geblieben sind, und genützt hat es ihnen auch nichts. Ich muß ehrlich sagen: Ich kann mich nicht richtig konzentrieren. Wenn meine Oma noch da wäre, wenn sie nicht gestorben wäre, hätte sie uns Geschwistern viel geholfen, da bin ich ganz sicher. Also, mein Bruder ist in dieser Gang. Er hat versucht, draußen zu bleiben, aber es hieß: Mach mit, sonst … Und meinen Schwestern geht es nicht gut, die nehmen Zeug. Es läuft schon so lange schlecht, daß ich nur noch darüber lachen kann, besonders wenn ich meine Kleine kitzele und sie zurücklacht. Das hilft mir über alles weg.»

Ich frage sie, ob es sonst noch etwas gibt, was ihr ‹über alles weghelfen› könnte. Das Baby ist für eine Frau ihres Alters und in ihrer Situation ein zweifelhafter Segen, finde ich. Außerdem hatte ich oft den Eindruck, daß Delia sich ziemlich elend fühlte, sogar mit dem Baby und eigentlich wegen ihm: Sally hat ihre eigenen elementaren Bedürfnisse und Ansprüche, und Delia hat zuweilen das Gefühl, ihnen nicht ganz gewachsen zu sein.

Einen Moment lang blickt sie mich eindringlich und wissend an und setzt dann zu einem Monolog über die Freuden der Mutterschaft an, den ihre beiden Freundinnen sehr gerne hören, den sie aber kurz darauf abrupt beendet. Wir haben über dieses Thema schon oft gesprochen, ich kann sie in ihrer Mutterschaft nicht unterstützen. Kann ihr nur helfen, die richtige Einstellung zu finden. Und das ist, wie sie selbst weiß, schwer genug: «Ich weiß, Sally wird mich nicht retten! Sie wird mir helfen, aber erst einmal muß ich *sie* retten. Wenn ich das nicht tue, sieht es für uns beide schlecht aus. Wir könnten erschossen werden, einfach so.» Sie schnippt mit den Fingern. «Überall gibt es Verrückte, überall Waffen, Drogen und Banden. An jeder Ecke passiert irgendwas. Du mußt ständig aufpassen, sonst gehst du unter. Wenn ich was hätte, an das ich glauben könnte, wäre es vielleicht einfacher. Ich habe aber nichts. Die Sozialarbeiterin sagt, ich soll Kurse besuchen, in denen man lernt, wie man sich um Babys kümmert. Wahrscheinlich hat sie recht. Ich glaube, je mehr ich weiß, was für das Baby gut ist, desto mehr weiß ich auch, was für mich gut ist.»

Die Kurse machten ihr tatsächlich Spaß. Sie erfuhr viel

über Ernährung, Hygiene und Kleidung. Und manchmal, wenn sie so zuhörte, überkam sie die Hoffnung, daß es für sie und ihr Baby einen Ausweg aus diesem Leben geben könnte, mit unbestimmtem Ziel zwar, aber immerhin einen Ausweg. Dieser Gedanke beherrschte sie so sehr, daß sie trotz seiner erfreulichen Seite begann, sich Sorgen zu machen. «Es ist, als würde mein Kopf vor mir abhauen! Ich stelle mir vor, er hat mir gesagt: Geh einfach los! Aber das ist Unsinn, du kannst nicht zu einem Ort gehen, der nur in deinem Kopf existiert. Ich weiß, warum ich gerne abhauen würde: Hier ist es so gefährlich. Hier gibt es Leute in meinem Alter, Leute mit denen ich groß geworden bin, die erschießen sich gegenseitig wegen dieser Drogengeschäfte, und sie spritzen; das bringt dich genauso um wie eine Kugel. Es gibt viele Typen hier, die mies sind, wirklich mies, schon bevor sie mit den Drogen anfangen. Sie kopieren die Männer, die sie gesehen haben, als sie aufgewachsen sind, sie wollen ganz tolle Kerle sein. Legen die Mädchen flach, eins nach dem anderen. Tun nett mit ihnen, geben ihnen, was sie wollen, bis sie nachgeben. Und dann hauen sie ab, und wenn sie hören, daß sie schwanger sind, machen sie sich noch eine Kerbe in ihren großen Gürtel: Hey, seht mich an, Jungs, ich bin größer als jeder andere, der schnellste Kerl der Gegend, so geben sie voreinander an; rein, raus, das hörst du den ganzen Tag.

Zu der Frau vom Jugendamt habe ich gesagt: Und, wie wollen Sie das stoppen? Glauben Sie wirklich, daß Sie diese Typen in die Säuglingspflege-Kurse kriegen? Ein Witz! Die würden Sie für verrückt erklären, wenn Sie damit ankämen. Solange die so drauf sind, geht der Streß weiter. Wenn du hier als Teenager lebst, macht das Glück einen Bogen um dich. Die Jungs wissen auch nicht besser als wir, wie sie hier rauskommen sollen. Sie haben ihre Sorgen, wir unsere. Das einzige, was du machen kannst, ist aufpassen, daß du keinen Streß bekommst – ein Full-time-Job. Bei jedem Schritt mußt du aufpassen, und wenn du mit einem Jungen zusammen bist, mußt du doppelt vorsichtig sein.»

Sie bricht ab, schaut zu Boden. Als ich schon nach passenden Worten suche, nach Auswegen aus ihrem Dilemma, fährt sie fort: «Ich weiß, es ist gut, wenn ich lerne, wie ich mich besser um mein Baby kümmere, aber wissen Sie, wenn sie größer ist, dann ist es das Wichtigste, zu lernen, auf sich selbst aufzupassen, und das bringen sie dir in keinem Kurs und in keiner Schule bei.»

Bisher hatte Delia nur gesagt, daß sie von hier wegwolle, weg aus diesem Leben. «Aber wohin? Und wie soll es da sein?» fragte ich. – «Anders als hier. Sicherer», antwortete sie. Wir drehten uns im Kreis, bis ich mir klar darüber wurde, warum sie diesen Ort ihrer Träume, dieses bessere Leben, nicht beschreiben konnte: Ihre moralische Vorstellungskraft war verkümmert, zumindest seit ihre Großmutter gestorben war. Damals war das Mädchen erst sieben, aber sie erinnerte sich noch daran, wie ihre Oma die Enkelkinder um sich scharte und ihnen Geschichten erzählte. «Sie erzählte uns die Abenteuer aus der Bibel, und sie sagte, daß wir auch solche Abenteuer erleben könnten. Gott ist für uns da und läßt sie uns erleben, sagte sie. Dann ist sie gestorben, und wir haben nie mehr etwas von Gott gehört!»

Was könnte für Delia jemals diese moralische Kraft ersetzen, die ihre Großmutter aus der Bibel bezog? Wie könnte man ihr helfen, sich die «Abenteuer» vorzustellen, zu denen die Großmutter Delia und ihren Geschwistern verhelfen wollte, jene Erzählungen, deren Moral sich Delia vielleicht heute zu eigen gemacht hätte, wenn die Frau, die sie ihnen erzählte, nicht so früh gestorben wäre? Wie sollte man ihr helfen, eine Alternative zu ihrer gegenwärtigen Lage zu erträumen, einen Ort, an dem sie einfach ankommen konnte in dem Vertrauen, es *dort* zu schaffen. Denn *hier*, das hatte sie immer wieder gesagt, kannte sie sich immerhin aus.

Mir scheint, das Problem ist weder ein kognitives – auch wenn eine bessere Schul- oder Berufsausbildung ihre Chancen verbessern würde – noch ein psychologisches – Delia kennt sich aus in der Psychologie des Überlebens, und das ist es schließlich, was in ihrer Situation wirklich zählt. Vielmehr ist es ein Problem der Orientierung. Sie selbst war sich dessen bewußt: «Ich könnte mein Kind nehmen, von hier weggehen und nie mehr wiederkommen, wenn ich einen Ort wüßte, an dem ich es schaffen könnte. Hier komme ich zurecht. Wenn ich eine Eingebung hätte, könnte ich es vielleicht auch woanders schaffen. Das glaube ich jedenfalls an Tagen, an denen ich mich stark fühle.»

Hinterher dachte ich lange über zwei Wendungen nach, die sie benutzt hatte: «es schaffen» und «Eingebung». Sie sprach nicht von einem Ort, zu dem sie gehen würde, sondern von einem Ort, an dem sie es schaffen könnte. Und was sie Eingebung nannte, war nichts anderes als Glauben, Wertvorstellungen und Überzeugungen. Sie suchte nicht nur nach einem konkreten Ziel, einem Ort, sie suchte auch nach einer geistigen und moralischen Orientierung, nach Werten, die ihr helfen könnten, «es zu schaffen». Was zu schaffen? Nicht nur, mit der Außenwelt fertig zu werden, den Wohnort zu wechseln, in eine sicherere Straße zu ziehen, so wichtig dies auch wäre. Sie müßte auch und vor allem mit ihren

Erinnerungen fertig werden, der Angst, diesem mächtigen Sog in ihrem Leben. Um gegen ihn anzuschwimmen, bräuchte sie eine Quelle moralischer Kraft. Ihre Großmutter und das eine Buch, das sie besaß und das sie buchstäblich mit ins Grab nahm, das einzige Buch, das es während Delias Kindheit im Haus gegeben hatte, waren nur ein Anfang.

Was ist zu tun?

Wenn ich an Charlie und Marie mit ihrer Clique denke, an Delia, ihre Freundinnen und die rücksichtslosen Jungen, die sie erst verführen und dann wieder verlassen, frage ich mich, was alle diese Jugendlichen bewegen könnte, in moralischer Hinsicht besser zu leben. Sie haben eine unterschiedliche Herkunft und eine unterschiedliche Geschichte: Die einen sind weiß und aus dem Mittelstand, die anderen schwarz und arm; die einen stammen aus einem Vorort, die anderen aus der Innenstadt; die einen gehen auf ein Internat, die anderen haben die Schule abgebrochen.

Doch trotz aller Unterschiede gibt es Gemeinsamkeiten: Ihnen allen fehlt es an moralischem Urteilsvermögen. Die Konsequenzen sind Lügen und Betrügen, Drogenkonsum, Zynismus im Umgang mit anderen und frühe sexuelle Aktivität, die letztlich in Einsamkeit mündet, in einen Zustand, den Delia beschrieb als: «Alleinsein, ohne etwas, an das man sich halten könnte, und ohne das Vertrauen, sich an jemanden halten zu wollen.» Diese Einsamkeit ist nicht nur emotionaler, sondern auch moralischer Natur. Wir isolieren uns durch unser Handeln von einer Gemeinschaft und ihren Werten und zahlen den Preis dafür.

Lügen und betrügen heißt, allein zu sein; sich mit Drogen zu betäuben, heißt, allein zu sein; mit Männern zu schlafen, die dir und unzähligen anderen Frauen Kinder machen wie am Fließband, was sie dann für das Leben halten, heißt, allein zu sein; und auch zu töten, um zu überleben, heißt, allein zu sein.

Diese Jugendlichen und alle, die ein ähnliches Leben führen, entbehren eine moralische Stärke, die ihnen eine Art des Überlebens ermöglichen würde, die sie bisher nicht kannten. Ein Überleben im Geist der Güte, der Selbstachtung und der Achtung anderer.

Was sollte, was kann man für sie tun? Wir müssen unseren Kindern im Unterricht, durch Gespräche und durch Lektüre beibringen, was richtig und falsch ist; wir müssen Kindern, die seelisch verletzt worden sind, helfen, ihr Trauma zu überwinden. Doch wenn Unterricht und Therapie vorbei sind, stellen sich die alten Fragen erneut, Fragen, die auch wir uns zu Herzen nehmen sollten: Wo sind die Erwachsenen in unserem Leben, auf die wir uns wirklich verlassen können, denen wir vertrauen können, deren Werte glaubwürdig sind, weil sie uns durch gemeinsame Erfahrungen, in jedem Augenblick des Zusammenlebens vermittelt wurden? Wo ist ein erlebtes moralisches Miteinander, ein Kontext für die Gebote und Verbote?

Das Gewissen fällt nicht vom Himmel. Wir erhalten ein sicheres Gespür für richtig und falsch von Eltern, die selbst wissen, wie man sich in einer bestimmten Situation verhält; von Eltern, die gerne die Pflicht auf sich nehmen, dieses Wissen an ihre Kinder weiterzugeben. Kinder, denen solche Eltern fehlen, haben große Schwierigkeiten, ein starkes, sicheres Gewissen auszubilden. Wenn Eltern ihren Kindern ein schwaches, widersprüchliches und kompromißlerisches moralisches Leben vorleben, verwundert es nicht, daß ihre Kinder auf *ihre*, häufig aggressive Weise dem Beispiel folgen. Ich sage aggressiv, weil ein Kind sehr wütend darüber werden kann, daß man ihm den Schutz eines starken, leitenden Gewissens verwehrt und es moralisch ohne Führung ist.

Dieses moralische Verlassensein fordert von Jugendlichen jeder Herkunft den gleichen Preis. Wer kann diesen Jugendlichen Werte geben, an die sie sich halten können, Werte, die ihnen erlauben, ihre Stimmungen zu kontrollieren sowie Enttäuschungen, Niedergeschlagenheit und das Gefühl von Sinnlosigkeit zu bewältigen? Können Lehrer und Sozialarbeiter darin die Eltern ersetzen? Manchmal vielleicht, aber nicht ohne weiteres und nur gegen große Widerstände.

Unterdessen fragen sich viele Eltern, wie sie es besser machen können, wie sie ihren Kindern und sich selbst jene moralischen Sackgassen ersparen können, die ich an den zwei Beispielen beschrieben habe. Solche Situationen moralischer Gefährdung, moralischer Krisen, kommen nicht aus heiterem Himmel. Sie sind ein Aspekt einer spezifischen Lebensgeschichte, sie haben ihre Ursachen schon in der frühen Kindheit. Daher wende ich mich nun einer Art Archäologie der Moral zu: Wie werden Werte geboren, wie erhalten sie während der entscheidenden ersten zwei Jahrzehnte des Lebens ihre Prägung?

Eine kleine Entwicklungsgeschichte der Moral

Vom Säugling zum Kleinkind:
Grenzen ziehen, Grenzen erkennen

Noch bevor ein Kind zur Welt kommt, wird es geprägt durch die Wertvorstellungen, an denen die Eltern ihr Verhalten ausrichten. Die Mutter achtet darauf, was sie ißt und trinkt, raucht nicht und geht regelmäßig zum Frauenarzt, und zwar nicht nur aus Sorge um sich, sondern aus Sorge um die Zukunft ihres Kindes. Der Vater kümmert sich um die Frau, die ihr gemeinsames Kind austrägt, begleitet sie zu den Untersuchungen und bietet ihr als Mensch, der aufs engste an dem wichtigen Ereignis beteiligt ist, Trost, Vertrauen und Liebe: So sollte die Zeit, in der beide das Kind erwarten, ablaufen.

Eine solch fürsorgliche Einstellung der Eltern hat unmittelbare Konsequenzen für den heranwachsenden Fötus: Sein Leben wird hier zum ersten Mal von der *Goldenen Regel* geprägt, das heißt von dem Grundsatz, an andere zu denken und für sie dazusein. Sicher denken viele Eltern nicht explizit oder ständig an die moralische Bedeutung, die die Fürsorge für ihr zukünftiges Kind wie auch die Sorge der Eltern füreinander hat. Sie tun instinktiv das, was medizinisch und psychologisch geboten ist. Und doch verhalten sich viele Eltern, die die Verantwortung für eine Schwangerschaft tragen, nicht verantwortungsbewußt und nehmen keine Rücksicht auf das Wohl des Kindes. Das Ergebnis ist ein ungeborenes Kind, das bereits gefährdet ist: Es kann physisch geschädigt werden durch Alkoholmißbrauch, Drogenkonsum, Rauchen oder Erkrankungen der Mutter; psychisch ist es in Gefahr, wenn die Eltern das Kind von Anfang an nicht genügend wertschätzen.

Zum Begriff «wertschätzen»: Werte anzunehmen und zu vertreten ist *eine* Sache, nach ihnen zu leben und sie im Verhalten anderen gegenüber tagtäglich praktisch umzusetzen, ist etwas völlig *anderes*. Wenn eine werdende Mutter ihre Schwangerschaft bewußt erlebt und sich bemüht, alles richtig zu machen, so steht dahinter sicher medizinisches Wissen, aber auch eine moralische Überzeugung: Ich habe Achtung vor dem Kind, das ich austrage, und ich achte mich selbst, die ich bald seine Mutter sein werde; deshalb achte ich – in medizinischer und körperlicher, das heißt aber auch in moralischer Hinsicht – darauf, wie ich lebe und was ich tue.

Wir wissen, daß vernachlässigte und mißachtete Kinder apathisch werden und sich von einer Welt zurückziehen, die sie sehr früh als indifferent, wenn nicht gar bedrohlich erfahren haben. Kinder hingegen, die nicht abgelehnt und in die Vereinsamung getrieben werden, verfügen über eigene Mittel und Wege, auf eine Umgebung zu reagieren, die ihnen, aus welchen Gründen auch immer, nicht genügend Sicherheit bietet. Sie werden reizbar, ruhelos, anspruchsvoll, klammernd, als wüßten sie, daß sie in Gefahr sind und daß sie daher mit aller Kraft an ihrem Leben festhalten und immer wieder ihre Ansprüche an die Erwachsenenwelt geltend machen müssen, deren Wohlwollen oder Mißachtung jeden Tag aufs neue ihr Los bestimmt.

Ein moralisches Leben vor der Sprache

Mit den oben umrissenen Fragen beschäftigen sich Kinderpsychologen und Kinderärzte. Sie sprechen von frühkindlichem Verhalten oder von emotionalen Verhaltensmustern, die der Sprachentwicklung vorangehen. Ein Kind von beispielsweise sechs Monaten ist noch nicht imstande, zu artikulieren, was in ihm vorgeht. Deshalb können wir als Beobachter nur Vermutungen anstellen, was das Kind denken oder fühlen mag. Manchmal, wenn ich eine Kinderkrippe besuche, höre ich jedoch, daß man dort Babys, die erst einige Monate alt sind, bereits als temperamentvoll, schwierig, besitzergreifend oder dominant bezeichnet. «Dieser Junge will ständig Aufmerksamkeit, besonders wenn er sieht, daß ich ein anderes Kind füttere oder mit ihm spiele.» So äußerte sich eine Schülerin an einer Schule für Kinderpflegerinnen gegenüber einem Arzt über das Seelenleben eines acht Monate alten Jungen. Ich habe den Eindruck, daß es hierbei nicht eigentlich um das Kind, sondern um eine moralische Frage geht. Die junge Frau fühlt sich von dem Kind herausgefordert, und zwar nicht nur als Pflegerin oder als relativ distanzierte Beobachterin.

Seit über einem Jahr besuche ich diese Kinderkrippe, und die junge Frau, die jetzt kurz vor ihrem Diplom steht, eine ehemalige Studentin von mir, sagt ganz offen, was sie denkt: Sie fürchtet, Zeugin einer frühen Form von Egoismus zu sein. Ich widerspreche und warne vor einem vorschnellen Urteil. Schließlich vollziehe sich die Entwicklung des Charakters über Jahre, wenn nicht Jahrzehnte hinweg. Doch sie weist auf die vielen Stunden hin, die sie mit den Kindern verbracht hat, und beharrt: «Ich weiß nicht, wie sich diese Kinder letztlich entwickeln werden, aber ich sehe deutlich, daß es jetzt schon Unterschiede in ihrem Verhalten gibt. Manche sind lieb, manche machen uns die Arbeit leicht, weil sie nicht klammern und schreien und weil sie nett zu den anderen sind. Aber es gibt auch welche, die sind, ich sage es nur ungern, *schrecklich*.» Sie bricht ab, doch natürlich möchte ich noch mehr hören und die Dimensionen dieser Zuschreibung ausloten. «Es gibt Kinder, die uns nichts durchgehen lassen; sie wollen nicht allein gelassen werden, sie sind jetzt schon … Wir nennen sie ‹Quengler›. Wenn wir nicht ständig nach ihrer Pfeife tanzen, machen sie uns und allen anderen das Leben schwer. Manchmal würde ich am liebsten Ohrstöpsel nehmen!»

Das verwöhnte Kind

Mit der Zeit erfuhr ich von ihr und ihren Kolleginnen mehr über solche Kinder. Ich erfuhr, daß dieses Kind, das sie am schwierigsten und anstrengendsten fand, keineswegs ungeliebt und vernachlässigt war, wie ich anfangs angenommen hatte. Vielmehr gab die Mutter offen zu, völlig vernarrt in den Jungen zu sein. Ein weiteres Wort, das man sich genauer ansehen sollte! Schließlich erfuhr ich von jener ehemaligen Studentin in der Kinderkrippe: «Die Mutter kann es nicht aushalten, wenn das Baby schreit, nicht einmal ein paar Sekunden. Die Eltern lassen das Baby in ihrem Zimmer schlafen und sind ihm auf Gedeih und Verderb ausgeliefert. Ein Ton, und sie sind da.» Als ich unwillkürlich den Kopf schüttelte, meinte sie: «Dann sind Sie jetzt also auch meiner Meinung!» Ich bemühte mich, Zeit zu gewinnen, und wiederholte meine Sorge, daß wir dieses Kleinkind, das noch nicht einmal ein Jahr alt war, nicht so leichtfertig beurteilen dürfen. Dennoch hatte ich verstanden, was diese erfahrene Kinderpflegerin bei ihrem Bemühen durchmachte, für ein Kind zu sorgen, das schon jetzt so dominant war, daß es schrie, sobald sie sich um die anderen kümmerte.

Mir fiel in diesem Zusammenhang eine Bemerkung von J. E. Senn ein, einem Kinderarzt, der lange Jahre das Yale Child Study Center geleitet hatte. Er hatte damals vor Ärzten und Schwestern, die mit Säuglingen und Kindern im Vorschulalter arbeiteten, gesagt: «Es gibt Kinder, die bereits im Alter von sechs Monaten uns das Leben leichtmachen, und solche, die uns das Leben schwermachen – und einige wenige, die uns zur Verzweiflung treiben!»

Allerdings warnte er seine Zuhörer davor, zu streng über Kleinkinder zu urteilen, die die schwere Aufgabe des Sprechenlernens erst noch meistern müßten. Dennoch könne ein Baby selbst in einem frühen Alter schon verwöhnt sein. Er meinte dazu: «Wenn man einem Baby alles gibt und seinen Ansprüchen nie entgegentritt, bringt man ihm bei, nie mit einer Ablehnung zu rechnen. Ich fürchte, das ist keine gute Vorbereitung auf das Leben.» Er sagte das sehr trocken, aber wir alle lachten – ein Lachen, mit dem wir seiner These zustimmten, daß sich für ein Kleinkind schon in den ersten Wochen seines Lebens entscheiden könne, ob es ein freundlicher oder ein reizbarer und ungeduldiger Mensch werde.

Ich habe, wie gesagt, lange gezögert, an Kleinkinder eine moralische Meßlatte anzulegen. Sollen andere Babys als «lieb», «schwierig» oder «unmöglich» bezeichnen. Sollen andere sagen, daß dieses eine «wahre Freude», jenes eine «echte Plage» sei. Wenn ich Unterscheidungen treffen sollte, würde ich es in der kühlen, leidenschaftslosen und wertfreien Sprache der Psychologie tun: Manche Kinder sind ängstlich, andere wurden gut behandelt und haben sich ihr kindliches Vertrauen bewahrt. Erst als ich anfing, wöchentlich mit einer Gruppe junger Mütter zu sprechen, und sie über ihre Babys und ihre Hoffnungen und Erwartungen reden hörte, wurde mir klar, daß schon diese Kleinkinder sehr unterschiedliche Welten erlebten.

In der Kinderheilkunde und der Kinderpsychologie spricht man von der «Mutter-Kind-Symbiose» während der ersten Monate, von der starken Intimität und Bindung, die zwischen Mutter und Kind herrscht und die enorme medizinische und psychologische Konsequenzen hat. Ohne es direkt zu sagen, ließen diese sieben Mütter erkennen, daß der tägliche intensive Umgang mit ihren kleinen Kindern eine moralische Seite hatte. Schließlich geben diese Frauen den Babys, die sie lieben und pflegen, sehr viel von sich.

«Ich versuche, meinem Sohn alles zu geben», meinte eine Mutter. «Später wird er noch genug Frustrationen erleben.» Eine andere widersprach: «Sie müssen Ihr Kind schon jetzt auf die Welt vorbereiten. Ich rede viel mit meiner Tochter, obwohl sie mich noch nicht versteht. Ich sage: ‹Hör zu, du kannst nicht alles auf einmal haben; du mußt Geduld haben.› Ich muß ihr beibringen, daß es noch andere Menschen gibt, daß sie nicht die einzige ist.» Eine dritte bemühte sich, die beiden Standpunkte zu versöhnen, und machte gleichzeitig die Unterschiede deutlich: «Ich versuche, meiner Tochter alles zu sein, wirklich. Aber oft kann ich es einfach nicht, weil ich noch eine andere Tochter habe, weil ich einen Mann habe und weil ich auch noch versuche, Zeit für mich selbst zu finden, so schwer das auch ist. Manchmal habe ich ein schlechtes Gewissen: mein Baby braucht mich, und ich lasse es warten. Manchmal bin ich zwar physisch bei ihr, aber denke eigentlich an etwas ganz anderes. Vielleicht spürt sie das, denn sie ist dann oft gereizt. Aber vielleicht bilde ich mir das auch nur ein, und sie ist quengelig, weil sie eben quengelig ist, und nicht, weil ich in diesen Momenten meine Arbeit als Anwältin vermisse. Ich bemühe mich, ihr sehr viel zu geben, aber ich habe gelernt, auch Grenzen zu ziehen. Man kann ein Kind verwöhnen, auch ein Kleinkind.»

Aus Fehlern lernen

Diese Mütter haben verstanden, daß sie ihre Kinder als Menschen sehen sollten, die auf dem Weg zum Erwachsensein sind und die daher Schutz, Stärkung und Disziplinierung ebenso brauchen, wie sie die Fähigkeit ausbilden müssen, sich den Bedürfnissen anderer anzupassen. Sehr bald kamen wir auf das Thema des verwöhnten Kindes zu sprechen, was eine philosophische bzw. moralische Debatte auslöste. Wir diskutierten, ob wirklich die Gefahr bestehe, ein Baby von sechs oder acht Monaten zu verwöhnen. Zwei Mütter leugneten dies und führten an, daß kindliche Bedürfnisse in diesem Alter ganz einfach befriedigt werden müßten. Zwei andere waren überzeugt, daß man Säuglinge tatsächlich verwöhnen könne. Wie sich herausstellte, sprachen beide aus eigener Erfahrung: Jede erklärte, sie habe ihr erstes Kind verwöhnt und aus den Fehlern gelernt.

Die mitteilsamere von beiden schilderte es so: «Ich habe meinem Sohn alles gegeben. Er brauchte nur zu mucksen, schon kam ich angelaufen. Jetzt, mit vier, ist das Teil seiner

Persönlichkeit geworden. Er gehört zu der Sorte Mensch, die erwartet, daß andere springen, wenn man nur mit den Fingern schnippt. Ich weiß, das klingt nicht sonderlich sympathisch, aber, um die Wahrheit zu sagen, ich glaube, es wird ihm zugute kommen. So ist die Welt, und man muß darauf vorbereitet sein: Entweder du sorgst dafür, daß die Welt auf dich hört, oder du wirst übergangen. Das sagt mein Mann immer, und er hat mich überzeugt. Aber eines muß ich zugeben: Mir gefällt das nicht, und ich möchte nicht, daß meine Tochter so wird, deshalb verhalte ich mich bei ihr anders.»

Wir forderten sie auf, die Unterschiede in der Erziehung der beiden Kinder genauer zu beschreiben, so daß wir einschätzen können, ob die Charaktereigenschaften, die sie jetzt an ihrem Sohn bemerkt, sich wirklich auf ihr damaliges Verhalten ihm gegenüber zurückführen lassen. Sie renne nicht sofort zu ihrer Tochter, wie sie es bei ihrem Sohn getan habe, um ihr Geduld und ein Minimum an Selbstbeherrschung beizubringen. Eine der anwesenden Mütter meinte skeptisch, das sei zu früh, weil ein Kind, das noch nicht sprechen könne, nur äußerst begrenzt für moralische und kulturelle Einflüsse zugänglich sei, die eine Familie direkt oder indirekt auf ein Kind ausübe. Ihre Einwände formulierte sie so: «Ich bin sicher, daß jede von uns ihre Kinder unterschiedlich behandelt, und ich bin sicher, daß das Auswirkungen hat, aber ich glaube, daß das alles später passiert. In den ersten paar Monaten verstehen Kleinkinder noch gar nicht, was vorgeht. Solange sie gefüttert und saubergehalten werden und sich wohlfühlen, sind sie in ihrer eigenen Welt. Im ersten Lebensjahr entwickelt sich das Gehirn noch.»

Nicht alle waren dieser Meinung. Sie beriefen sich auf die Kulturanthropologie und auf Untersuchungen zu den verschiedenen Methoden, Kleinkinder zu betten, zu füttern und zu kleiden; zu den Auswirkungen unterschiedlich großer Bewegungsfreiheit, die man ihnen zugesteht, zu der Frage, ob sie Mahlzeiten immer zu den gleichen Zeiten erhalten oder dann, wenn sie Hunger haben, ob ihnen maximaler Kontakt zur Mutter gewährt wird oder ob man ihn einschränkt, ob sie gestillt werden oder die Flasche bekommen.

Signale vom ersten Tag an

«Ich glaube, schon am ersten Tag geben wir unseren Kindern Zeichen», meinte gegen Ende der Diskussion eine stille Frau, die bislang noch nicht viel gesagt hatte. «Ich bemühe mich, meinem Jungen von Anfang an das Gefühl zu vermitteln, daß er erwünscht ist und sich frei entfalten kann, aber ich möchte nicht, daß er glaubt, er wäre so mächtig, daß er mich und meinen Mann beherrschen könnte. Wenn man das zuläßt, bekommt man ein Kind, das sich für etwas Großartiges hält. Ich möchte, daß mein Kind auch an andere denkt, nicht nur an sich selbst. Er muß lernen, daß die Welt sich nicht nur um ihn dreht. Er muß lernen, daß auch andere ihre Bedürfnisse haben. Dann kann er auch ruhig mal ein bißchen weinen. Wenn ich ständig angelaufen komme, bin ich auf dem besten Weg, ihn zu einem Egoisten zu erziehen.

Wollen Sie eine Geschichte hören? Der Sohn meiner Schwester, Don, hatte von Anfang an großen Appetit. Sie hat ihm das Fläschchen gegeben, weil sie nicht genug Milch hatte. Alles lief gut, sechs, sieben Monate lang, und wissen Sie, was? Er saß im Kinderwagen oder auf dem Kinderstühlchen, trank seine Milch, und als er größer wurde und ein bißchen weiter war, fing er an, immer wieder die Flasche auf den Boden zu werfen, sobald er sie leer getrunken hatte. Er wußte genau, was er tat. Es war das Geräusch, das ihm Spaß machte. Eine Nachbarin meinte zu meiner Schwester: ‹Er trainiert nur seine Muskeln, lassen Sie ihn nur. Seien Sie froh, daß er so ist.› Aber Maisie wollte das nicht. Sie wollte nicht zulassen, daß ihr Kind glaube, es könne sich so benehmen, es könne etwas zu Boden werfen und dann zusehen, wie andere gelaufen kommen, um es wieder aufzuheben. Wissen Sie, was sie gemacht hat? Sie hat ihren Sohn nicht angeschrien, sie ist nicht einmal streng geworden; sie hat es einfach nur so eingerichtet, daß sie immer da war, wenn er den letzten Schluck Milch trank. Sie hat ihm die Flasche abgenommen, mit ihm geredet und ihm das Gesicht abgewischt. Nach einer Weile hat der Junge das Interesse daran verloren, die Flasche wegzuwerfen. Meiner Ansicht nach hat sie ihrem Sohn ohne Angst und Einschüchterung beigebracht, wie er sich benehmen und was er nicht tun soll, und das schon in diesem Alter.»

Diese Lektion in freundlicher Bestimmtheit und ihr Erfolg hatten uns überzeugt. Das Baby schien einen ersten Schritt auf der Leiter gemacht zu haben, die zu einem Leben nach moralischen Grundsätzen führt. Obwohl Maisie, nach Angabe ihrer Schwester, kein Moralapostel war, hatte sie intuitiv und ohne einer bestimmten Ideologie zu gehorchen, die richtigen Grenzen gezogen. Sie wußte zwar nicht genau, was in *seinem* Kopf vorging, in dem ihres Sohnes. Aber sie wußte, was in *ihrem* vorging: Das Kind hielt sie zum Narren, machte sie zur gehorsamen Dienerin, die bereitsteht, ständig hinter ihm herzuräumen. Wenn sie sich daran erst gewöhnt hätte, wäre sie ein paar Jahre später eher geneigt gewesen, sich von ihm immer wieder so behandeln zu lassen. So wird sie sich gedacht haben: «Maisie, setz dem jetzt sofort ein Ende, es ist nie zu früh, deinem Kind beizubringen, was richtig und falsch ist.»

Eine Mutter jedoch, die noch nicht ganz überzeugt war, fragte, weshalb das Baby die Flasche überhaupt jedesmal auf den Boden geworfen habe. Ich mußte bei diesem Einwurf an die Thesen Melanie Kleins, der englischen Kinderpsychologin, denken. Sie war überzeugt, daß Kleinkinder in diesem Alter keineswegs zu jung seien für eine große Bandbreite von Gefühlen und Seelenzuständen: Wut, Zorn, Gier, Niedergeschlagenheit, tiefe Skepsis, die sie als Paranoia bezeichnet, und natürlich besitzergreifende Leidenschaft, die sich auf die Mutter richtet.

Die Kinderanalytiker, bei denen ich studiert habe, waren von Kleins Theorie keineswegs angetan, und auch Anna Freud übernahm sie nicht ohne Vorbehalte. Während die Mütter sich fragten, was in ihren Kindern vorgehe, fiel mir ein zwanzig Jahre zurückliegendes Gespräch mit Anna Freud ein, das ich 1970 aufgezeichnet hatte: «Wie können wir je wirklich sicher sein, was ein Baby denkt oder fühlt? Wir stellen Mutmaßungen an und beobachten, doch letztlich können wir nur spekulieren. Wir sagen, das Baby wirke fröhlich oder lethargisch, unglücklich oder gereizt. Doch alle diese Beschreibungen beruhen nur auf unseren Beobachtungen. Wenn ein Kind älter wird und anfängt, zu sprechen und Bilder zu malen, können wir unmittelbar erfahren, was in ihm vorgeht, womit es sich auseinandersetzt. Aber in seinen ersten Monaten bleibt uns nichts anderes übrig, als uns auf unsere Beobachtungen zu stützen, ohne daß wir auf eine

Bestätigung hoffen könnten. Eines ist jedoch sicher: Wir können viel darüber erfahren, welche Vorstellungen Mütter vom Innenleben ihrer Babys entwickeln.»

Die Mutter des Kindes, das seine Flasche zu Boden geworfen hatte, schien jedoch wesentlich bescheidener als die Kinderpsychologin, auf deren Behauptungen Anna Freud mit Zweifel und Verwunderung reagierte. Diese Mutter war weniger daran interessiert, in die emotionalen Tiefen ihres Sohnes einzudringen, als auf sein Verhalten angemessen zu reagieren. Außerdem war sie selbstbewußt genug, zu entscheiden, daß das Verhalten ihres Sohnes keinen Grund zu größerer Besorgnis darstellte. Anders wäre es etwa gewesen, hätte er die Flasche wütend nach ihr geworfen. Die Frage, die sich ihr stellte, war die der Erziehung zur Moral. In dem Kind, das sie nach ihrer Ansicht zum Narren hielt, erkannte sie bereits den Jugendlichen, der eine ähnlich rücksichtslose Haltung seinen Eltern und anderen Autoritäten gegenüber einnehmen würde.

Und Maisies Schwester fügte noch einen interessanten Gedanken an. Er brachte uns dazu, einen Zusammenhang zwischen moderner Technologie und der Erziehung von Kindern herzustellen: «Ich frage mich, wie sie sich wohl verhalten hätte, wenn es keine unzerbrechlichen Plastikfläschchen gäbe. Wie hätte sie reagiert, wenn die Flasche wie früher aus Glas gewesen und beim ersten Wurf in Scherben gegangen wäre? Vielleicht hätte sie ihr Kind dann angebrüllt, statt so zartfühlend zu sein. Vielleicht helfen uns die Verbesserungen der Lebensqualität, bessere Mütter zu sein.»

Sprache und Einsicht: ja und nein

Mit den ersten selbstgesprochenen Worten und Sätzen treten die Babys in eine völlig neue Lebensphase ein. Sobald ein Kind anfängt, Worte zu benutzen, ist es für uns auf eine völlig neue Weise erreichbar, ebenso wie wir es nun für das Kind sind. Doch die Sprache stellt uns auch vor Anforderungen: Nun können wir wirklich versuchen, zu verstehen, was im Kopf des Kindes vorgeht; nun können wir zum Kind, das das Fläschchen hinwirft, «nein» sagen und es nach dem «Warum» fragen; nun können wir ein Verbot begründen. Die Sprache eröffnet uns neue Möglichkeiten, aber sie nimmt uns auch in die Pflicht. Mit ihr beginnt das Leben, das wir, als sprechende, interpretierende, begrifflich denkende Wesen kennen, mit ihr beginnt auch die moralische Selbstbeobachtung.

Eltern erfahren bald, daß «ja» und «nein» eine herausragende Stellung unter den ersten Worten einnehmen, die ihre Kinder gegen Ende des ersten und zu Beginn des zweiten Lebensjahres zu sprechen lernen. Und im gleichen Zug, wie Kinder lernen, Mutter und Vater, Brüder, Schwestern und Großeltern mit Namen anzureden, lernen sie auch etwas über die Einstellungen dieser Menschen: was sie gerne haben, was sie nicht mögen und was sie nicht erlauben.

Als meine Treffen mit den oben erwähnten Müttern begannen, waren ihre Kinder zwischen einem und drei Monate alt. Ein Jahr nach Beginn unserer Treffen waren alle begeistert über den wachsenden Wortschatz ihrer Kinder. Über zwei Worte machten sie sich allerdings Gedanken: «ja» und «nein». In regelmäßigen Abständen nahm die Mutter, die ihrem sportlichen Sohn so geschickt das Flaschenwerfen abgewöhnt hatte, als Gast an unseren Sitzungen teil. Mittlerweile dachte sie wehmütig an die Zeiten zurück, als ein Plastikfläschchen ihre schwerste Prüfung darstellte: «Ich bin es so leid, ständig das Wort ‹nein› aus meinem Mund zu hören», sagte sie und wollte gerne fortfahren, von ihren Erfahrungen zu erzählen. Die anderen interessierten sich für ihre Überlegungen und waren von ihrer moralischen Kraft beeindruckt, auch wenn ihre Gewissenhaftigkeit sie oft verunsicherte und viele ihre Meinungen nicht teilten.

Auf ihre Bemerkung über das Neinsagen meinte die Mutter neben ihr: «Vielleicht übertreiben Sie es.» Eine andere pflichtete bei: «Es ist schwer, das richtige Maß zu finden.» Und eine dritte Frau schüttelte den Kopf und sagte: «Es macht ja gar keinen Spaß mehr, Mutter zu sein, wenn man ein Kind, das erst ein Jahr und ein paar Monate alt ist, mit Verboten überschüttet.» Zustimmendes Nicken von allen Seiten, nur die Mutter, die mit dem Flaschenwerfen fertig geworden war, schwieg nun. Bis sie, nachdem die anderen sich über ihre Erschöpfung und ihre Frustrationen unterhalten hatten, sagte: «Ich würde mir Sorgen machen, wenn ich in dieser Zeit meinem Kind nicht immer und immer wieder ‹nein› sagen müßte! Das würde ja bedeuten, es zu ignorieren. Ich wäre viel zu sehr mit mir beschäftigt, um ihm genügend Aufmerksamkeit zu schenken. Ich hasse dieses ‹nein›, aber manchmal ist es das einzige, was wir haben. Wenn du ‹nein› zu deinem Kind sagst, bringst du ihm bei, was ‹ja› bedeutet.»

Die anderen schüttelten aufgebracht den Kopf: Die «Philosophin» in der Runde schweifte wieder einmal vom Thema ab! Doch auf den allgemeinen Widerspruch antwortete sie: «Was bedeutet denn ‹ja›, wenn es kein Nein gibt?

Ich sage meinem Jungen: Das darfst du nicht! Und er weiß, daß ich es ernst meine. Aber ich verknüpfe mein ‹Nein› immer mit einem ‹Ja›. Ich biete ihm eine Alternative. Ich fordere ihn auf, etwas anderes zu machen, damit er nicht ratlos dasteht. Dabei benutze ich die Wir-Form. Ich sage: ‹Das tun wir nicht, aber wir machen das, wir probieren das, das macht Spaß! Das meine ich, wenn ich sage, ‹nein› führt zu ‹ja›.»

Sie lächelte, offensichtlich zufrieden mit sich. Doch in der Miene einer anderen Mutter las ich einen Hauch von Mißbilligung, von Ungeduld. Sie sah die Frau an, die gerade eines ihrer selbstsicheren und überzeugenden Statements abgegeben hatte, dann erwiderte sie mit kaum verhohlenem Ärger: «Nicht jede Mutter hat die Zeit, aus jedem Augenblick mit unseren Kindern ein Seminar zu machen! Wenn ich in der Küche stehe, spät dran bin mit dem Essen, und meine Tochter hat mich schon den ganzen Nachmittag mit ihrem Gehampel genervt, dann will ich einfach nur noch, daß sie endlich still ist und ihr Abendessen ißt, während ich für meinen Mann und mich koche. Aber nein, sie ist fest entschlossen, alle Register zu ziehen. Natürlich denkt sie nicht so! Sie ist einfach ein ganz normales Kind mit eineinhalb, und ich bin eine ganz normale, erschöpfte, berufstätige Mutter. Ich wünsche mir nur ein bißchen Rücksicht und Mithilfe, und das sage ich ihr auch. Meine Tochter ist wahrscheinlich nicht in der Lage, diese Worte lexikonmäßig zu definieren, aber sie weiß, was sie bedeuten. Sie bedeuten: ‹Hör auf damit!› Sie bedeuten: ‹Nein.› Sie bedeuten: ‹Ich schaue mir das keinen Augenblick länger an!› Wenn sie mich sagen hört ‹hilf mit›, hört sie auf zu reden und setzt sich still an den Tisch. Wenn ich Zeit habe, gebe ich ihr etwas zu knabbern, oder ich mache das, von dem Sie gesprochen haben: Ich lasse meinen eigenen Kram liegen und helfe ihr bei ihrem. Aber oft sitzt sie da und wartet auf mich, und ich komme erst zu ihr, wenn ich kann, nicht vorher!»

Darf ein Nein weh tun?

Zuweilen hatten die Mütter, mit denen ich dort zusammensaß, mit ihren Kindern, mit sich selbst und miteinander zu ringen. Oft waren sie kurz davor, etwas zu sagen, zogen sich dann aber zurück und schwiegen beharrlich. Auch auf mein Insistieren erfuhr ich meistens nicht mehr. Manchmal allerdings schütteten sie mir ihr Herz in einer Weise aus, die einer Beichte gleichkam. Die Mütter sprachen dann offen darüber, daß sie – als endgültiges «Nein» – ihre Kinder manchmal schlugen. Sie empörten sich über die Annahme, es sei schlecht, Kinder zu schlagen. Was ich davon hielte? Ich zögerte. Was sollte ich antworten? Hatte ich meine Kinder je geschlagen? Nein. Meine Frau? Nein. Ich kam mir bei diesen knappen Antworten ziemlich selbstgefällig vor: als der große Experte, der nie seine Selbstbeherrschung verliert und die richtige Lösung für jedes Problem kennt. Hastig kramte ich in Erinnerungen, erzählte von Frustrationen und Momenten der Ratlosigkeit, die meine Frau und ich erlebt hatten; sprach von Zeiten, in denen wir uns sehr viel Mühe gegeben hatten, streng, aber verständnisvoll mit unseren Kindern umzugehen, und von Zeiten, in denen wir verwirrt, aufgebracht und wütend gewesen waren. Oft hatten wir uns für Ablenkung entschieden: Wir sprachen ein klares Nein aus, begründeten es und versuchten, das Thema zu wechseln, um die Situation zu entspannen. Wenn wir später die Kinder zu Bett brachten, ihnen vorlasen und mit ihnen sprachen, kamen wir vielleicht noch einmal auf den unangenehmen Zwischenfall zurück und suchten eine Einigung, die sich aus der Distanz manchmal leichter finden läßt.

Mehrere Mütter meinten jedoch, daß sie in der Hektik des Alltags nicht immer ruhig bleiben könnten. Ein kleiner Klaps «löst Spannungen» und zeige dem Kind, daß die Eltern ihr «Nein» ernst meinten. Was ich von dieser Art, «nein» zu sagen, hielte? Erst versuchte ich, mich um die Antwort zu drücken, dann konnte ich nicht mehr sagen als das Offensichtliche: Man kann nicht verallgemeinern, es kommt auf den Einzelfall an, auf den konkreten Kontext. Regeln und Strategien mögen in der Theorie überzeugen, doch ihre Tauglichkeit läßt sich nur in der Praxis beweisen.

Eine Mutter erzählte von einer wirksamen Methode: Sie spreche ein deutliches «Nein» aus, nachdem sie den Arm um ihre Tochter gelegt oder ihre Hand genommen habe. Eine andere Mutter berichtete beschämt, daß ihr Sohn ihr dann gehorche, wenn sie weine. Sie komme sich immer wie eine Schauspielerin vor, wenn sie wieder einmal Tränen zu Hilfe nehme, aber sie brächten eben wirklich ihr Gefühl zum Ausdruck, mit dem Rücken zur Wand zu stehen. Ist sie verlogen? Wann wird ihr Sohn dahinterkommen? Die Frau neben ihr schien sie zu beneiden: Sie wünschte, sie könnte weinen. Statt dessen schreie sie, und zwar leidenschaftlich und laut genug, daß ihre sechsjährige Tochter es zur Kenntnis nehme. Eine andere Mutter, die stärker als die anderen in psychologischen Kategorien dachte, erklärte, daß sie bei ihren Kindern Lob zur Disziplinierung einsetze, indem sie ihre Stärken heraushob.

Doch was ist mit den Ungezogenheiten, Vergehen, dem willentlichen und schädlichen Ungehorsam eines Kindes? Auch ein eineinhalbjähriges Kind, das noch kaum gehen kann und gerade erst sprechen lernt, kann boshaft sein und zum Beispiel an einem Tischtuch ziehen bis das Geschirr zu Boden fällt; es kann Haustieren weh tun oder mit dem Essen herumwerfen – und sich dabei köstlich amüsieren. Was tut man in solchen Fällen? Bin ich ein Feigling, wenn ich für solche Situationen eindeutige Lösungsvorschläge zu vermeiden suche?

Immer wieder wurde mir im Gespräch mit diesen Müttern deutlich, wie wichtig «Ja» und «Nein» für unsere Kinder sind und daß sie, haben sie die Bedeutung dieser Worte wirklich verstanden, den ersten Schritt ihrer Entwicklung zu Menschen getan haben, die zu Entscheidungen für oder wider ein bestimmtes Verhalten in der Lage sind. Auf wie viele unterschiedliche Weisen «Ja» und «Nein» im Einzelfall ausgesprochen werden können, weiß jeder aus seinem eigenen Alltag.

Während ich diesen gutsituierten und gebildeten Müttern dabei zuhörte, wie sie sich über Ziele und Methoden der Erziehung ihrer Kinder Gedanken machten, gingen mir immer wieder die Allgemeinplätze und Banalitäten durch den Kopf, die viele längst für Wahrheiten halten. Keine dieser Frauen hatte ein Interesse daran, ihre Kinder zu schlagen, auch wenn einige offen und mutig zugaben, es gelegentlich zu tun. In Umfragen hat die Mehrheit der Amerikaner angegeben, körperliche Strafen für ein hilfreiches Mittel zu halten, ihren Kindern – auch schon im Babyalter – richtiges Benehmen beizubringen. Dagegen sprachen diese Eltern – gelegentlich kamen auch Väter zu den Treffen – ständig von Liebe und

Fürsorge als Mittel einer frühen moralischen Erziehung. Wenn wir unsere Kinder nur gut im Auge behalten, ihnen alles geben, was sie brauchen, dann werden sie unseren Vorschlägen und Anregungen schnell und gerne folgen, sagten viele. Diszipliniertes Verhalten wird sich dann von selbst einstellen, wie eine Mutter meinte: «Wenn du deinem Kind Aufmerksamkeit widmest und dich um es kümmerst, wenn du ihm zeigst, daß du wirklich für es da bist und sein Bestes willst, dann reagiert es auch darauf. Es wird dem, was du sagst, folgen, weil es eine wirklich feste Bindung zu dir hat.»

Kinder brauchen Grenzen

Während diese Mutter von Liebe und Verständnis sprach, gab es zustimmendes Nicken. Doch auf der anderen Seite des Raumes meldete sich mit unsicherer Stimme eine Frau: «Ich liebe meine Tochter ja auch und zeige es ihr ständig, zumindest so oft ich kann. Aber manchmal benimmt sie sich wirklich schlecht. Einige von Ihnen wären wahrscheinlich anderer Meinung und würden sagen, das sei doch ganz harmlos, sie habe eben nur noch nicht gelernt, daß man das, was sie tut, nicht tun darf. Aber damit bin ich nicht einverstanden. Ich habe gesehen, wie meine Tochter ganz bewußt etwas Verbotenes getan hat. Ich glaube», fuhr sie nach einer kurzen Atempause fort, «ich glaube wirklich, daß manche Kinder böswillig sind – vielleicht aus Unwissenheit oder weil wir ihnen nicht immer die richtigen Signale gegeben haben oder weil sie schon mit einem Jahr dieselben menschlichen Schwächen haben wie wir alle. Sie probieren alles aus, sie wollen immer wissen, was passiert, und alles auf die Spitze treiben. Wenn etwas kaputtgeht oder sie sich weh tun, dann ist das zwar schlimm, aber wie hätten sie das denn ahnen können? Es gibt Zeiten, da zeigt mir meine Tochter einfach, daß sie auch ein Persönchen ist, daß sie es mir nicht leichtmachen will und daß sie sogar bereit ist, es mit mir aufzunehmen – und das heißt nicht, daß sie ‹schwierig› ist oder ‹Probleme› hat. Wahrscheinlich werden Sie sagen, daß da etwas nicht stimmt, daß ich etwas falsch mache. Aber ich habe nicht das Gefühl. Sie ist manchmal eben eigensinnig und braucht es wohl, daß ich ihr das zugestehe. Aber zu ihrem und zu meinem Wohl muß *mein* Eigensinn dann manchmal die Oberhand behalten. Würde sie weitermachen, bekäme sie irgendwann Ärger mit mir, deshalb muß ich ‹nein› sagen, ein klares, lautes ‹Nein›, ein ‹Nein›, das sie zu sich bringt und das sie ruhig ein bißchen erschrecken darf; dann gehorcht sie sofort. Müssen Sie Ihren Kindern nicht auch manchmal klarmachen, daß sie etwas auf keinen Fall tun dürfen? Daß sie überfahren würden, wenn sie, ohne zu schauen, über die Straße rennen; daß sie jemandem weh tun könnten, wenn sie mit etwas Spitzem vor seinen Augen herumfuchteln? Dann stehe ich da und lasse nicht locker, und wenn es meinem Kind nicht gefällt, wenn ich es zurückhalte oder ‹nein› sage oder ihm etwas aus der Hand nehme, dann kann es weinen, soviel es will, ich gebe nicht nach, weil ich überzeugt bin, daß ich recht habe. Und wenn es sich weigert, das einzusehen, wenn es gar keine andere Möglichkeit gibt, dann bekommt es auch einmal einen Klaps oder zwei. Es gibt einfach Momente, wo man eine Grenze ziehen muß und wo das Kind wissen muß: Die meint es ernst.»

Wir waren auf einen wichtigen Punkt gestoßen. Wie erziehe ich ein Kleinkind, das noch kaum gelernt hat, mit Hilfe der Sprache zu kommunizieren? Wie bringe ich ihm bei, zwischen richtig und falsch, gut und schlecht zu unterscheiden, und das, ohne das Kind zu überfordern oder ihm zu schaden?

Es geht dabei nicht nur darum, wie ich einem Kind richtiges Benehmen beibringe – das kann eine Erziehung, die mit harten Strafen arbeitet, sicher leisten, aber eben nur für eine Weile und zu einem hohen Preis. Was kurzfristig als Sieg erscheint, erweist sich nachträglich als Niederlage. Die Frage ist vielmehr, wie ich ein Kind zu einem bestimmten Verhalten bewege, indem ich es vom Sinn bestimmter Regeln und moralischer Prinzipien überzeuge.

Will man zum Beispiel einen kleinen Hund vor den Belästigungen durch ein Kind bewahren, so mag es dem Tier Ruhe verschaffen, wenn man das Kind schlägt, bis es aus Angst von seinem Tun abläßt. Doch der Preis dafür ist hoch, wie eine der Mütter aus eigener Erfahrung wußte. Sie erzählte ein Erlebnis aus ihrer Kindheit, das sie nicht vergessen hatte. «Der Vater unseres Nachbarjungen hatte einen Hund. Ricky, so hieß der Junge, hatte Angst vor dem Hund. Er sagte mir, ich solle aufpassen, der Hund würde beißen, und wenn er erst einmal angefangen habe, würde er nicht mehr aufhören; er könne einen bei lebendigem Leibe auffressen. Er sagte das immer wieder. Der Hund war ein Golden Retriever, und er war in Wahrheit ein ganz liebes Tier. Meine Mutter sagte immer, er würde keiner Fliege etwas zuleide tun. Ricky habe unrecht, meinte sie, als ich ihr von seiner Warnung erzählte. Eines Tages erklärte sie mir, warum Ricky so etwas sagte. Seine Mutter hatte es ihr erzählt: Der Junge hatte mit dem Hund gespielt und muß ihn wohl am Fell gezogen haben, wie es kleine Kinder manchmal tun. Der

Vater sah das und wurde wütend. Er schlug den Jungen und brüllte ihn an, und der Hund fing an zu bellen, vermutlich bellte er den Vater an! Ich kenne nicht die ganze Geschichte, jedenfalls muß der Mann seinen Sohn ziemlich verdroschen haben. Ricky hat den Hund nie wieder geärgert. Er hielt sich von ihm fern und hatte Angst vor ihm. Rickys Mutter war darüber ziemlich traurig. Sie meinte, ihr Mann könne manchmal furchtbar jähzornig werden, und das sei einer dieser Fälle gewesen.»

Ein keinesfalls seltener Fall: Ein Vater, der seinen Hund beschützen und seinem Sohn Selbstbeherrschung beibringen will, schlägt ihn und brüllt ihn so an, daß der noch nicht einmal Zweijährige schließlich vor einem netten, ungefährlichen Hund Angst hat, dessen Gutmütigkeit er nicht mehr erkennt. Für den Jungen war der Hund zu etwas anderem geworden: zur ständigen Erinnerung an das gewalttätige, unbeherrschte Verhalten seines Vaters. Strenge im vermeintlichen Namen des Guten hatte dauerhafte psychische Folgen hervorgerufen. Phobien zeugen sehr häufig von unserer Fähigkeit, etwas, was uns Angst macht, auf Umwegen auszudrücken. Die Angst dieses Jungen – zunächst vor dem Hund der Familie, später auch vor allen anderen Hunden – brachte zum Ausdruck, daß er sich scheute, seine ständige Angst vor einem erneuten Wutausbruch seines Vaters zuzugeben.

Wenn ein Kind beim Spielen mit einem Hund das rechte Maß nicht erkennt und anfängt, ihn zu ärgern, würde wohl jeder das Naheliegendste tun und die beiden voneinander trennen. Doch die Frage der moralischen Erziehung ist damit noch nicht beantwortet: Wie soll man einem Kind von einem oder zwei Jahren beibringen, daß es Grenzen gibt, die einzuhalten wichtig ist; daß ein Hund ein Lebewesen ist, das zur Familie gehört und Anspruch darauf hat, respektiert zu werden; daß ein Kind in manchen Momenten das Wörtchen «nein» in sich selbst hören muß, statt nur zu reagieren, wenn die Eltern es aussprechen?

Nachdem diese Mutter uns die Geschichte von Ricky, seinem Vater und dessen Hund erzählt hatte, schilderte eine andere Mutter ziemlich verlegen, was in ihrer Familie passiert war. Ihre Schwester hatte eine Tochter, die ebenfalls zeitweise etwas brutal mit einem Haustier, einer Katze, umging. Die Katze hielt sich auf sicherer Distanz zu dem Kind, das sie immer wieder durch das Haus jagte. Schließlich war die Mutter es leid und sprach ein ernstes Wort mit ihrer Tochter: Sie müsse aufhören, die Katze so zu bedrohen. Das kleine Mädchen hörte zu und lachte und zeigte offensichtlich nicht das moralische Bewußtsein und die Reue, die ihre Mutter erhofft hatte. Sie packte daraufhin ihre Tochter, kniff sie und zog sie an den Haaren, wie das Mädchen es mit der Katze tat. Das Mädchen geriet außer sich und begann zu weinen. Die Mutter suchte die Katze, alle sollten sich wieder vertragen. Aber das Mädchen weinte nur noch mehr und wurde hysterisch, während sie das Haus nach dem Tier durchsuchten, das sich versteckt hatte. Als die Katze schließlich wieder auftauchte, spürte die Mutter, daß sie nicht weiter auf dem Thema beharren sollte. Von dieser Zeit an war es die Katze der Mutter, wie das Mädchen immer wieder sagte, und es hielt stets Distanz zu ihr. Zwar hatte das Kind nicht solche Angst vor der Katze wie Ricky vor dem Hund, aber ihre Mutter wußte, daß sie dieses Problem nicht zum besten gelöst hatte.

Alle fragten mich, was ich tun würde, wenn mein Kind einem Haustier das Leben schwermachen würde; wie ich diesem Kind Selbstbeherrschung, Mitgefühl und Einfühlungsvermögen beibringen würde. Ich erzählte, wie meine Frau und ich bei unseren Kindern mit solchen Problemen umgegangen sind. Ebenso wie Rickys Vater und die Mutter des Mädchens haben wir eingegriffen und unseren Kindern verboten, so mit dem Hund umzugehen. Doch wir haben das Verbot auch erklärt: Der Hund gehört zur Familie, ist lieb und freundlich zu allen und verdient dasselbe Verhalten deshalb auch von uns. Ich erinnerte meinen Sohn daran, wie oft der Hund seine Hand liebevoll geleckt hatte. Ich tätschelte den Hund sanft und freundschaftlich, und meine Frau forderte das Kind auf, dasselbe zu tun.

Unser Sohn wird zwar nicht jedes Wort begriffen haben, aber er verstand gut, daß wir ärgerlich waren und uns Sorgen um den Hund, aber auch um ihn machten; und er verstand, daß wir es sehr ernst meinten. Über den Hund hatte das Kind schließlich begriffen, was Verständnis bedeutet: in die Haut eines anderen zu schlüpfen, zu sehen und zu fühlen wie er. Das müssen wir unser Leben lang immer wieder tun.

Und so geht es uns Eltern natürlich ständig. In den ersten Lebensmonaten müssen wir unseren Kindern und auch uns selbst Grenzen setzen. Wenn wir von uns selbst als Eltern nicht verlangen, «nein» zu sagen statt immer nur «ja», einzugreifen, statt wegzusehen, dann lehren wir Gleichgültigkeit und Apathie und stiften moralische Verwirrung. Babys müssen gefüttert werden, doch selbst dabei sollten die Eltern sich selbst und ihre Bedürfnisse nicht vergessen, damit das Kind nicht von Anfang an lernt, daß es alles bekommt, sobald es danach verlangt. Auch die Eltern brauchen Schlaf, haben vielleicht noch für andere Kinder zu sorgen und müssen arbeiten. Daher müssen Babys schon unmittelbar nach der Geburt lernen, daß es einen gewissen festen Tagesablauf gibt und sofortige Befriedigung keineswegs zu erwarten ist. Eltern lernen, den Bedürfnissen und Ansprüchen ihrer Babys nachzukommen, aber sie müssen auch ein Gespür für ihre eigenen Grenzen entwickeln, dürfen ihre Verpflichtungen und Sorgen nicht vergessen und sollen mit Selbstvertrauen für sie eintreten. Dies wird in der Regel keine Konfrontation hervorrufen, das Kind wird kein Trauma erleiden, die Eltern keine Schuld auf sich laden. Vielmehr wird sich ein informeller Anpassungsprozeß der Eltern an das Kind und umgekehrt entwickeln.

Wenn nicht auch das Kind sich anpaßt, kann dies durchaus moralische und psychische Konsequenzen haben, wie einer meiner Lehrer, ein Kinderarzt und Kinderpsychologe, uns einschärfte: «In den ersten Lebensmonaten lernt die Mutter sehr viel, vor allem, wenn es ihr erstes Kind ist; aber auch das Baby lernt. Beide Seiten geben und nehmen. Wenn die Mutter nur gibt und das Kind nur nimmt, dann werden wir oft Zeugen der frühesten Wurzeln von Egoismus und Selbstsucht. Diese Babys lernen kein Nein kennen, jenes frühe Nein, das dem Leben eine gewisse Routine, eine Struktur gibt, nach der die Dinge ablaufen: Schlafen, Füttern, Anziehen, Waschen und Wickeln.»

Das Kind als moralischer Zuhörer

Durch die zunehmenden sprachlichen und motorischen Fertigkeiten nehmen im zweiten und dritten Lebensjahr auch die Möglichkeiten für eine gezielte Moralerziehung erheblich zu. Für das Kind, das zu sprechen gelernt hat, gewinnt das Gehörte an Bedeutung. Eltern geben Kindern in diesem Alter durch Vorschläge, Anweisungen und Erklärungen ständig moralische Anleitung: So machen wir das; da gehen wir hin, da nicht; jetzt ist es an der Zeit, das zu probieren; und tu das, was du gerade gemacht hast, nie wieder. Nun kann das Kind die Ermahnungen der Eltern mit jedem Tag besser verstehen.

Allerdings schenken wir den moralischen Implikationen dieser Entwicklung der Kinder zumeist weniger Aufmerksamkeit als den praktischen. So ist zum Beispiel in der Psychoanalyse seit mehr als einem halben Jahrhundert ständig die Rede von den Stadien, die ein Kleinkind durchläuft; Begriffe wie «oral», «anal» und «genital» sind inzwischen auch vielen Laien geläufig. Wir achten auf die Intensität des Erlebens im Säuglingsalter, auf Berührungen, Lutsch- und Kaubedürfnisse und auf die Bemühungen eines Kindes, sauber zu werden; und wir achten auf die Bindungen, die unsere Kinder eingehen, ihr liebevolles Interesse an uns, ihren Eltern, und an anderen, die in ihrem Leben eine Rolle spielen. Doch diese Stadien sind nicht nur von Emotionen geprägt. Man kann einem Kind das Essen vorenthalten, das ihm zusteht. Man kann ein Kind in regelmäßigen Abständen ausreichend füttern. Und schließlich kann man einem Kind zu essen geben, wann immer der Impuls sich regt. Ein kleines Wimmern, ganz zu schweigen von einem Schrei, und schon ist die Brust, das Fläschchen, der Löffel da.

Ebenso wie in anderen Bereichen des Lebens formt auch hier die Erfahrung den Charakter. Der Charakter eines Kindes, das gut ernährt wurde, aber auch gelernt hat, daß es nicht allein auf der Welt ist, daß es unweigerlich Momente der Frustration gibt, daß der Hunger nicht immer sofort gestillt wird, unterscheidet sich vom Charakter eines Kindes, dem zu vieles, was es gebraucht und benötigt hätte, verwehrt wurde. Ein solches Kind erwartet immer weniger, bis es – buchstäblich unausgefüllt – reizbar wird. So entstehen durch chronische Enttäuschung Wut, Verzweiflung, Launen und Argwohn. Schließlich gibt es das Kind, dem ständig nachgegeben wurde, dem nie etwas verweigert wurde und das damit einen Riesenschritt in Richtung Selbstüberhebung und Egoismus getan hat. Diesem Menschen wurde nicht nur reichlich gegeben, sondern die Welt war auch so unablässig in ihn vernarrt, daß der momentane Impuls alles beherrscht und so etwas wie Frustrationstoleranz völlig unterentwickelt bleibt.

Diese Typisierung ist natürlich abstrakt. Alle Eltern kennen Augenblicke, in denen wir unseren Kindern verantwortungsvoll Großzügigkeit entgegenbringen, oder solche, in denen wir nicht willens oder imstande sind, ihre Ansprüche und Wünsche zu erfüllen. Dann wieder gibt es Situationen, in denen wir Fehler großzügig übersehen – also das tun, was andere oder auch wir selbst als «verwöhnen» bezeichnen. Entscheidend ist die allgemeine Tendenz des Verhaltens gegenüber unseren Kindern.

Das gleiche gilt für den Versuch, unseren Kindern beizubringen, sich von der Windel zu befreien. Was man heute Sauberkeitserziehung nennt, ist eine Herausforderung für Eltern und Kind, wie alle wissen, die versucht haben, einem Kleinkind zu helfen, den Impuls, Blase oder Darm zu entleeren, zu erkennen und Kontrolle über die eigenen Körperfunktionen zu erlangen. Auch hier können wir unseren Kindern helfen, sich mit wachsendem Selbstvertrauen von einem Aspekt des Kleinkinddaseins zu verabschieden, jener

Hilflosigkeit, die mit der Notwendigkeit der Windel einhergeht. Oder wir gehen einen der beiden anderen Wege: Wir bedrängen das Kind zu früh, obwohl es, wenn überhaupt, kaum vollständige Sätze sprechen kann; oder wir sind zu nachlässig mit ihm, bis das Kind lernt, daß die Welt kein Interesse daran hat, ihm zu ermöglichen, auf eigenen Füßen zu stehen und sich kontrollieren zu lernen.

Heutzutage sind wir zu Recht an der Psychologie dieser Kindheitshürde interessiert, an der emotionalen Reaktion des Kindes darauf und an den Gründen für das Verhalten der Eltern. Keine Frage: Entspannte, lockere, aber dennoch entschlossene Eltern sind für ihre Kinder in dieser frühen Auseinandersetzung mit den Sauberkeitsaspekten der Zivilisation eine große Hilfe; strenge Eltern bringen aller Voraussicht nach strenge Kinder hervor; und Eltern, die ihre Kinder vernachlässigen, ihnen gleichgültig gegenüberstehen oder sie nicht genügend fordern, bringen ihren Kindern nicht bei, wie sie auf regelmäßige und wichtige körperliche Phänomene ohne Angst und Zaudern reagieren sollen.

Augenblicke der Wahrheit

An dieser Stelle möchte ich ein Gespräch anführen, das ich 1974 mit Anna Freud zu diesem Thema geführt habe. Sie sagte damals: «Ein Kind erhält jeden Tag Anhaltspunkte von den Eltern. Manche Eltern haben einfach ein Gespür dafür, wie sie mit ihm umgehen müssen, wie sie es richtig füttern, schlafen legen und ohne hysterische Fürsorglichkeit beruhigen, wenn es weint. Andere Eltern wollen oder können ihren Babys nicht geben, was diese brauchen. Sie sind zu arm, zu sehr mit sich beschäftigt oder haben zu viele Sorgen; und wieder andere überschütten ihre Kinder mit Fürsorge. Das gleiche gilt für die Sauberkeitserziehung. Manche Eltern wissen einfach instinktiv und ohne irgendein Buch zu lesen, wie sie ein Kind unkompliziert zur Sauberkeit erziehen, während anderen diese Aufgabe große Sorgen bereitet. Ihre eigenen Probleme erscheinen plötzlich noch größer. Diese Eltern sind unermüdlich hinter ihren Kindern her; sie sind so ängstlich, daß sie den ‹Augenblick der Wahrheit› ständig weiter hinauszögern.»

Ich brachte das Gespräch auf Eltern, die die Sauberkeitserziehung vernachlässigen. «Es gibt tatsächlich Eltern, die sich Illusionen machen. Sie wollen ihre Kinder nicht drängen und erwarten, daß diese von selbst und ‹angstfrei› sauber werden, wenn man ihnen nur genug Zeit läßt. Ich fürchte, da waren wir mit der Psychoanalyse der Advocatus Diaboli. Wir haben die Vorstellung vermittelt, es gebe eine ‹richtige› Methode, mit diesen Dingen umzugehen, eine Methode, die den Kindern die Angst ersparen würde. Ich habe in meinen Aufsätzen versucht, mich mit dieser Illusion auseinanderzusetzen. Es ist manchmal schwierig, das vor allem solchen Eltern klarzumachen, die psychoanalytisch vorbelastet sind: Sie wollen mehr von uns, als wir ihnen bieten können. Sie wollen für ihre Kinder, wenn nicht gar für sich selbst, mehr, als das Leben bieten kann!

Ein Leben ohne Kampf, Zweifel und Fehler: Wenn wir unseren Kindern das geben wollen, werden wir zwangsläufig scheitern. Letzten Endes schaffen wir ihnen damit nur andere Probleme. Denken Sie an den Narzißmus, den ein Kind entwickeln wird, das ständig alles bekommen hat und von dem nie verlangt wurde, sich zu beherrschen!»

Ich sprach die Frage nach der Charakterstruktur und ihrer Prägung durch solche Kindheitserlebnisse an. «Ich stimme Ihnen zu, in all dem steckt die Frage nach der Moral. An den Kindern, deren Aufwachsen wir beobachtet haben, konnten wir sehen, wie frühe Erfahrungen ihre spätere Persönlichkeit beeinflußt haben. Ich glaube, wir haben erst nach vielen Jahren endlich gelernt, daß das Ja, das auf dem gewachsenen Verständnis der Triebe eines Kindes beruht, durch das Nein ausgewogen werden muß, das auf einer anderen Einsicht basiert: der notwendigen Ausbildung eines verläßlichen Gewissens.»

Anna Freud und ich sprachen damals auch über die Hauptstütze der psychoanalytischen Theorie, die kindliche Sexualität. Dabei ging es erneut um den Einfluß von Kindheitserfahrungen auf den Charakter. «Mein Vater», erzählte Anna Freud, «wurde lange angegriffen, weil er auszusprechen wagte, was viele Eltern, wie ich vermute, aus dem täglichen Umgang mit ihren Kindern wissen: Die Liebe ihrer Kinder sei nicht weniger stark und leidenschaftlich als die Art von Liebe, die wir als Erwachsene kennen. Die Liebe eines Kindes ist natürlich eine Reaktion auf die Liebe der Eltern. Dennoch waren manche sehr schockiert von dieser These. Wie wir mit dieser Liebe umgehen und wie wir unsererseits auf diese Liebe reagieren, die wir auslösen, das ist der Stoff für Romanciers und Dramatiker, das sind die Verwicklungen und Verwirrungen, der Schmerz, die Wut und die Trauer, die sie uns seit Jahrhunderten präsentieren. Eltern können Liebe zeigen und Gegenliebe ermuntern, aber auch Grenzen setzen und das Kind wissen lassen, daß es bei der Liebe ebenso um Beherrschung und Gemeinsamkeit wie auch um Besitz geht. Eltern können zu distanziert sein wie die wohlbekannte ‹kalte Mutter› oder der Vater, der sich aus dem Familienleben zurückzieht; und schließlich gibt es den Typus von Eltern, die das Kind nicht loslassen wollen und die Gefühle wachrufen, denen Sie und ich in unserer Arbeit mit den Kleinen ständig begegnen.»

Liebe und die Folgen

Enttäuschungen und Frustrationen gehören also zur Liebe wie zum Leben – auch im Verhältnis zwischen Eltern und Kind. Doch Eltern können schon einem Baby unter einem Jahr, gewiß jedoch Zwei- oder Dreijährigen beibringen, mit Instinkten, Wünschen und Frustrationen umzugehen – oder sie verwöhnen es und fördern auf diese Weise seinen Narziß-mus.

Nicht wenige Tagungen befassen sich zur Zeit mit diesem Phänomen: mit Eltern, die ihren Kindern im Namen der Liebe alles zu geben versuchen. Über den distanzierten und ablehnenden Elterntyp hat eine ganze Generation von Psychologen geschrieben. Ihre Kinder reagieren verkrampft und verzögert auf die Welt, sie sind unfähig, ihr zu vertrauen und sich ihr hinzugeben. Es handelt sich um eine Art Gefühlsgeiz, der unübersehbare Folgen darauf hat, wie ein Kind anderen gegenübertritt und von ihnen denkt. Ein relativ ungeliebtes Kind weiß nicht, wie es sich die Welt zu eigen machen und ihr mit Vertrauen und ohne Angst begegnen soll. Ein Kind hingegen, das zu besitzergreifend und aufdringlich geliebt wird, das die Einschränkungen, die alle menschlichen Bindungen charakterisieren sollten, nie erfahren hat, wird sich selbst allzu vorbehaltlos lieben. Es wird zum Opfer einer Elternliebe, die für Anna Freud durchaus dunkle und klinisch bedenkliche Seiten haben kann. Dann nämlich, wenn sich Angst, Melancholie und – paradoxerweise – Verachtung hinter ihr verbergen.

Wo sind die Eltern, die all diese Klippen zu umschiffen vermögen, die ihr Kind mit dem komplexen Geflecht menschlicher Beziehungen vertraut machen, während sie es füttern, anziehen, ihm helfen, seinen Körper zu kontrollieren, zu laufen und rechtzeitig zur Toilette zu gehen; wenn sie es ermuntern zu sprechen und ihm elterliche Zuwendung und Zärtlichkeit zeigen; und auch, wenn das Kind die unvermeidlichen Enttäuschungen erfährt, jene Momente der Desillusionierung, die das Leben und die Liebe in jedem Alter wohl unvermeidlich mit sich bringen?

Von dem englischen Kinderarzt und Psychologen D. W. Winnicott stammt der Begriff der «hinreichend guten Mutter». Er wollte damit realistisch sein, nicht mehr oder weniger optimistisch. Natürlich führt uns das Wort «gut» von der Psychologie zur Ethik, doch woran mißt sich dieses Gutsein? Niemand verlangt von Eltern Vollkommenheit, sondern nur ein ausreichendes Maß an Güte, das sich, wohlgemerkt, nicht in Gesprächen oder Testergebnissen zeigt, sondern im Alltag. Solche Eltern sind mit Umsicht und Einfühlsamkeit für ihr Baby da, sie beschützen es, während es mit Hilfe der Liebe wie auch der Erziehung, die es Tag für Tag erhält, zu einem fröhlichen und selbstbewußten Kind heranwächst.

Diese Erziehung ist eine komplexe Angelegenheit. Winnicotts «hinreichend gute» Eltern müssen nicht nur liebevoll und aufmerksam sein, sondern auch entschlossen, der impulsiven und egoistischen Seite des Kindes etwas entgegenzusetzen. Das ist für einen Erwachsenen durchaus keine leichte Aufgabe, selbst für die fürsorglichsten von uns nicht: schon ab den ersten Lebensmonaten einem Kleinkind beizubringen, daß auch die Bedürfnisse anderer Menschen wichtig sind, daß die bestgemeinte Wohltat manchmal als Versagung, Dämpfer, Niederlage erlebt wird. Ich verwende hier viele Worte, um all das zu beschreiben, was sich in der «Dyade» abspielt, wie manche Theoretiker die Beziehung zwischen einem Baby und seiner Mutter oder seinem Vater bezeichnen (wir verwenden dafür gewöhnlich das Wort «Familie»).

Mit seinem Begriff «hinreichend gute Eltern» tritt Winnicott für eine Alltagspsychologie ein, die langfristig zu einer Art gelebter Ethik wird. Wer Gutes bietet, wird die Güte des Kindes zurückbekommen. Versuchen wir, das Wesen dieser Güte bei einem vier- oder fünfjährigen Kind zu beschreiben. Eine solche Güte äußert sich selbstverständlich nicht in Bekenntnissen zur Moral. Sie zeigt sich indirekt und wird meist gar nicht als Güte empfunden, sondern als angenehmes und freundliches Wesen. «Immer lieb und strahlend», höre ich Mütter oft über ihre Kinder sagen, und sie betonen regelmäßig, daß das nicht ihr Verdienst sei; vielleicht liege es in den Genen. Ich widerspreche ihnen nicht, denn wer kann sagen, was am Verhalten eines nur wenige Monate alten Kindes ererbt ist und was eine Folge der Behandlung, die es erfährt. Mit Sicherheit haben beide Faktoren einen Einfluß: die Erbanlagen *und* das Familienleben, das heißt Werte und Ideale der Eltern, aber vor allem die Praxis: Von Beginn an sollten Eltern auch nach den Prinzipien handeln, die sie predigen.

Ein gutmütiges Baby lächelt sehr viel, sucht den Augenkontakt, freut sich und lacht, wenn man es berührt und mit ihm spielt, und scheint Spaß an seinen Mitmenschen zu haben. Es nimmt die angebotene Nahrung von anderen Menschen ebenso freudig entgegen wie die Wärme und die Erregung, die sie ausstrahlen. Nach und nach wird dieses Baby selbstbewußter, krabbelt und steht, macht die ersten Schritte, spricht die ersten Worte und erntet für jeden Fortschritt Ermunterung und Beifall, worauf es mit Freude und neuer Hingabe reagiert: Diesen Weg werde ich weitergehen; ich werde bewundert und geliebt, und ich antworte darauf mit einem Verhalten, das mir noch mehr Bewunderung und Liebe einbringen wird. Auf diese Weise entwickelt sich die Sprache: Ein Wort löst Freude aus, die ihrerseits zu dem Versuch anregt, den Zuhörern weitere Worte zu bieten. All dies gehört in den Bereich der Psychologie. Dennoch liegen hier auch die Wurzeln des moralischen Lebens, so wenig uns das heute zu interessieren scheint.

Nehmen und Geben

Ein Baby hat gelernt, zu lieben, wie es selbst geliebt wurde, es hat gelernt, die Bemühungen anderer mit eigenen Anstrengungen zu belohnen; es hat gelernt, die anzunehmen und ihnen Freude zu machen, die es selbst mit soviel Freude angenommen haben. Diese Wechselseitigkeit der Gefühle und des Verhaltens ist in dem Maße, wie sie alle Beteiligten weiterbringt, ein früher Ausdruck gegenseitigen Respekts und moralischer Kooperation. Das Baby ebenso wie die Eltern und andere Erwachsene bemühen sich, die Welt mit den Augen ihres jeweiligen Gegenübers zu sehen und in einem gemeinsamen Interesse zu handeln. All das vollzieht sich ganz allmählich und mit so viel Selbstverständlichkeit und Freude und ohne jedes begriffliche Gerede (die berühmte Natürlichkeit der ersten Monate und Jahre), daß man leicht vergißt, wieviel Selbstbeschäftigung die meisten Babys zugunsten der Hoffnungen, Erwartungen und Werte anderer aufgeben. Das Baby wird zum willigen Schüler, der seine Augen buchstäblich auf den Lehrer gerichtet hält und spürt, was man von ihm erwartet.

All das nehmen wir oft als selbstverständlich hin. Es gibt aber Babys, und jeder wird ein Beispiel parat haben, bei denen eine solche Entwicklung, die von einem Durchbruch zum nächsten führt, nicht stattfindet: Das Baby reagiert nicht mit vertrauensvoller Behaglichkeit auf seine Eltern, es kann sogar die üblichen Gesten der Zuneigung und Zusammengehörigkeit nicht ertragen. Das Baby wirkt reizbar statt reizend, und es scheint kein Interesse daran zu haben, was andere für es und von ihm wollen. Es weint, wenn andere lachen würden; es zieht sich zurück, wenn andere näher kommen würden. Mit den Menschen, die seine Eltern sind, scheint es nichts zu tun haben zu wollen.

Unter solchen Umständen holen wir Erwachsenen irgendwann unsere psychologische und neurologische Terminologie heraus, um zu begreifen, was unserem Verständnis von psychologischer Normalität so zu widersprechen scheint, aber auch unserer Vorstellung davon, was «recht und billig» ist. Diese abgedroschene Phrase, die Anwälte und Redner gerne benutzen, habe ich mehrfach bei der Mutter eines dreizehn Monate alten Babys gehört, das bereits erste Anzeichen von Autismus zu zeigen schien. Der Junge war in sich gekehrt, gleichgültig, wenn man sich ihm näherte, und desinteressiert an den eifrigen Annäherungsversuchen seiner

Eltern, und er machte keinerlei Fortschritte beim Krabbeln oder Sprechen. Seine Mutter war Politologin und sehr moralistisch. Während ich mit den Eltern über die traurige und verstörende Familiensituation sprach, brach aus der Mutter ihre ganze Verzweiflung heraus. Sie sei völlig niedergeschmettert von dem Verhalten ihres Sohnes, das in ihren Augen allerdings kein Symptom, kein psychiatrisches und nicht einmal ein neurologisches Problem sei, sondern «das sich völlig jedem Verständnis entzieht, sogar dem eines Arztes». Und sie fügte hinzu: «Es ist nicht recht und billig, es ist jenseits menschlicher Vorstellungskraft: Dein eigenes Kind, erst ein Jahr alt, zieht sich aus der menschlichen Gesellschaft zurück, geht ins Exil, wird zum Fremden in einer Familie. Es ist, als hätte ein unergründliches Schicksal ihn verurteilt. Wir sind Fremde füreinander, das ist die Hölle, und wir sind dazu verurteilt!»

Wir anderen, die wir mit Babys gesegnet sind, die fast mühelos zu wachsen und zu gedeihen scheinen und die die Welt mit zunehmender Kompetenz bewältigen, vergessen allzu oft, welch große Leistungen unsere Kinder vollbringen. Sie lernen sich anderen anzupassen, mit Menschen zu sprechen und sie zu verstehen, sie entwickeln ein Bewußtsein für ihren Körper, und sie lernen, die unterschiedlichsten Gefühle im Zaum zu halten.

Die Zivilisation hat Fuß gefaßt. Und viele Psychologen würden übersehen, daß das moralische Bewußtsein bereits konstituiert ist. Und doch sind manche bereit, sich in dieser Hinsicht vor den Eltern zu verbeugen. Ich habe gehört, wie eine Lehrerin des ersten Schuljahres zu den Eltern sagte: «Ich bin Optimistin, daher sehe ich immer die guten Seiten der Dinge. Ich habe gehört, wie manche von Ihnen sich für

Ihre Kinder entschuldigten, sich um sie Sorgen machten und zu erklären versuchten, was Sie ‹ihre Probleme› nennen. Aber wie erlebe ich die Kinder, wenn ich morgens in die Klasse komme? Sie sagen mir ‹Guten Morgen›, lächeln mich an, passen auf, sind sofort bereit, mitzuarbeiten und sich anzustrengen. Sie essen gut, räumen auf, helfen mir, das Zimmer sauber zu halten. Wenn eines von ihnen krank wird oder Probleme hat, machen die anderen sich Gedanken um dieses Kind und zeigen es auch: Sie sind besorgt und sagen mir, daß sie ihm helfen wollen. Wenn es mir nicht so gut geht, helfen sie mir ebenfalls und umsorgen mich geradezu. Es stimmt schon, manche Kinder benehmen sich besser als andere, und auch die Besten haben mal einen schlechten Tag. Aber meistens bin ich von ihrer Aufrichtigkeit und ihrem sozialen Bewußtsein beeindruckt und gerührt.»

Ihre offensichtlich aus Überzeugung abgegebene Erklärung, die so viel zusammenfaßt, benennt viele Werte, nach denen Kinder schon sehr früh ihr Verhalten ausrichten. Und sie zeigt uns, daß Kinder schon in ihren ersten Lebensjahren ein enormes moralisches Bewußtsein erwerben. Winnicotts «hinreichend gute» Eltern geben ihren Kindern also eine sehr konkrete und erkennbare menschliche Güte.

Die Grundschuljahre:
Entstehung des Gewissens

In der Grundschulzeit stellt das Kind vielleicht mehr Fragen als in jeder anderen Phase seines Lebens. Doch es fragt nicht nur, wie und warum Dinge funktionieren, sondern auch, wie es sich in bestimmten Situationen verhalten soll. «Es ist das Alter des Gewissens», sagte Anna Freud einmal. «Es ist das Alter, in dem sich das Gewissen eines Kindes ausbildet – oder nicht; es ist die Zeit, in der sich der Charakter eines Kindes entwickelt und festigt – oder nicht.» Es sind die Jahre, in denen Bücher, Musik, Kunst, Sport, vor allem aber die Lehrer und die Mitschüler, mit denen es alle Erfahrungen teilt, dem Kind eine neue Welt des Wissens und der Möglichkeiten eröffnen. Es sind magische Jahre, in denen die Phantasie auf unendlich vielfältige Weise angeregt wird, in denen der Geist ermuntert wird, die Welt zu erkunden und zu begreifen. Es sind Jahre der begierigen Suche, bei der die Kinder ihre Eltern und Lehrer oft auf eine harte Probe stellen. Es ist die Zeit, in der sich die moralische Vorstellungskraft bildet, ständig gespeist von der Bereitschaft und dem Eifer der Kinder, sich in andere hineinzuversetzen und so ihre Perspektive auf das Leben zu erweitern.

Wie die am Ende des vorigen Kapitels zitierte Lehrerin so prägnant aufzeigte, beginnt ein Kind mit etwa fünf Jahren, sich ernsthaft in der Gesellschaft, der es angehört, zu engagieren. Bis zu dieser Zeit ist ein Kind zwar im Geburtsregister einer Stadt oder Gemeinde aufgeführt, aber das ist auch alles. Nun winkt die Welt außerhalb des Zuhauses, und die Eltern beginnen in gewisser Weise, sich die Verantwortung für die Erziehung des Kindes mit der Gesellschaft zu teilen. In der Schule begegnet das Kind Lehrern, die sein Denken, seine Sicht der Dinge formen, und Klassenkameraden, die ihre Ansichten äußern.

Das große «Warum»

Oft vergessen wir, was passiert, wenn ein Kind zum erstenmal in den Schulbus oder den Wagen der Eltern steigt, um zur Schule zu fahren, oder wenn es sich zu Fuß auf den Schulweg macht. Es hat eine wichtige psychologische und moralische Lektion gelernt, die nur zu leicht abstrakt als Aspekt der Sozialisation bezeichnet wird.

Ich beziehe mich hier lieber auf eine Mutter, die von dem Tag erzählte, als sie ihre Tochter zum erstenmal an den Schulbus brachte. Als sie anfing, von diesem Augenblick zu erzählen, schnürte es ihr die Kehle zu, und voreilig schloß ich, daß sie von Trauer über den Verlust ergriffen sei, ihr Kind also nicht «loslassen» könne. In Wirklichkeit hatte die Mutter jedoch keinerlei Interesse daran, ihre Tochter festzuhalten. Im Gegenteil. Die Einschulung markiert für sie jedoch eine anstrengende Phase, in der ihr Kind sie veranlaßte, alle möglichen Selbstverständlichkeiten in Frage zu stellen.

«Mehrere Tage sprach ich mit Jeanie über die Schule. Sie wußte schon ganz gut Bescheid, ich schätze, weil sie in den Kindergarten gegangen war. Aber das war ein kleiner Privatkindergarten in einem Privathaus. Jetzt sollte sie in ein Gebäude gehen, ein öffentliches Gebäude, und Hunderte Kinder würden dorthin kommen, und zwar alle in Bussen, die unserer Stadt gehören – so ist das eben, wenn man zur Schule geht, mußte ich ihr mehrmals sagen. ‹Weißt du, warum?› Sie fragte mich, *warum*. Sie fragt mich in letzter Zeit ständig, *warum*, und manchmal halte ich es nicht mehr aus und sage, bitte, Jeanie, später! Aber dieses Warum kam für mich völlig überraschend, weil sie sich offensichtlich ernste Gedanken über die Transportfrage gemacht hatte. Sie fragte: ‹Warum kannst du mich nicht einfach hinfahren?› Ich sagte: ‹Weil – weil viele, viel zu viele Autos da wären, wenn alle Mütter ihre Kinder hinfahren würden.› Aber sie wandte ein, daß ‹alle Mütter› in den Supermarkt, zum Kindergarten, zu Spielplätzen und Kinos führen und die Straßen groß genug seien, mit dem Verkehr fertig zu werden. Ich dachte: Sie hat Angst, zum erstenmal in die Schule zu gehen, jeden Schultag morgens das Haus zu verlassen, und sie hätte lieber, daß ich sie fahre. Mir ging es insgeheim ja genauso – auch ich war aufgeregt und hätte sie lieber selbst gefahren!

Ich versuchte jedenfalls, uns davon abzubringen. Ich erklärte einfach: ‹So wird das nun mal gemacht, alle fahren mit dem Bus zur Schule.› Aber sie kam mir mit ihrem Warum. Sie fragte, ob das nicht freigestellt sei, ob ich nicht selbst entscheiden könne, sie zu fahren, wenn ich es wollte. Nein, sagte ich, nein. Aber *warum*? Ich sagte, *darum*! Das Thema sei für mich erledigt! Sie wußte, daß es am besten war, nun erst mal Ruhe zu geben. Aber etwa eine Stunde später kam sie damit an: ‹Mama, gibt es ein Gesetz, das vorschreibt, daß du dein Kind in den Schulbus setzen mußt, und wenn du es nicht tust, kriegst du großen Ärger?› Damit hatte sie mich wirklich erwischt! Ich wußte nicht einmal die Antwort. Gibt es ein Gesetz, oder ist das nur irgendwie selbstverständlich: sein Kind an die Bushaltestelle zu bringen? Ich könnte sie durchaus ab und an zur Schule fahren, aber das macht man sich nicht zur Gewohnheit. Es hebt das Kind von den anderen ab, macht es zu etwas Besonderem, und für sie geht es darum, von Anfang an mit den anderen Kindern zusammenzusein.

Sie ließ nicht locker: ‹Mama, was meinst du, fängt die Schule im Bus an oder wenn man in das Gebäude geht?› Herrje, was sollte ich darauf antworten? Ich platzte heraus: ‹Wenn du in die Klasse gehst, in die Schule.› Aber ich sah etwas in ihrer Miene – und wußte: Das Kind wird sich mit einer Abfuhr nicht zufriedengeben! Und so kamen wir zu unserem Gespräch. Ich setzte mich mit ihr hin und machte sozusagen kehrt – ich meine, ich schwenkte um. Ich sagte Jeanie: Die Schule fängt in gewisser Weise schon an, wenn du in den Bus steigst. Du bist auf einem wichtigen Weg in die große Welt – es ist ein neuer Teil deines Lebens, ein sehr wichtiger, so drückte ich es aus. Du fügst dem Haus, das du baust, deinem Leben, etwas hinzu, ein neues großes Zimmer. Ich holte sogar einen Stift, zeichnete ihr ein Haus und malte einen neuen Flügel hinzu. Das gefiel ihr – wir beide am Küchentisch mit Schokoplätzchen und der Zeichnung, unser Gespräch über den Bus und die Schule, auch über die Schule, die ich besucht hatte, als ich in ihrem Alter war. Sie wollte alles über meine Lehrer hören, und ich erzählte ihr viel – von denen, die ich mochte, und denen, die ich nicht mochte, und warum! Ich mußte ihr erzählen, warum – denn ‹warum› ist ihr Lieblingswort. Ich hoffe ihre Lehrerin ist ihr gewachsen – all ihren Warums!»

Die Einschulung ist ein eminent wichtiger Schritt im Leben eines Kindes, ein Schritt nach außen. Es erwirbt Wissen, aber es übernimmt auch Pflichten. Kein Wunder, daß ein Kind, das bald in die Schule geht, viele Fragen hat. Fragen zu stellen ist das angestammte Recht des Menschen, und sobald uns die Sprache zur Verfügung steht, nützen wir sie, um unsere Neugier zu befriedigen, vor allem in einer ungewohnten Situation.

Viele Eltern fühlen sich natürlich mehr als strapaziert von den ständigen Fragen ihrer Kinder. Einige Psychologen erklären die ständige Suche der Kinder nach Antworten mit der geistigen Erregung durch sexuelle und emotionale Interessen und Bindungen. Fragen seien der indirekte Versuch, Gefühlen und Trieben auf den Grund zu gehen, von denen die Kinder bereits wissen, daß man sie nicht ausspricht. Vier- oder fünfjährige Kinder haben in der Familie zweifellos oft mit ihrer besitzergreifenden Art, mit ihrem Neid, ihrer Wut, ihrem Verlangen und ihrer Frustration zu kämpfen. Sie sind, wie wir alle, kognitive ebenso wie leidenschaftliche Wesen. Sie haben, wie alle Menschen, ein Ziel vor Augen und wollen ihr Wissen und ihre Bedürfnisse so verknüpfen, daß ihr Leben einen Sinn ergibt.

Ein Blick in ferne Werte-Welten

Jahrelang beschäftigte ich mich mit Kindern, die gerade in die Schule gekommen waren. Ich wollte herausfinden, wie sie mit ihren Eltern und Geschwistern zurechtkamen, und brachte aus diesem Blickwinkel fast alles, was sie mir erzählten, mit der Entwicklung ihres Gefühlslebens in Verbindung.

Dabei läuft man jedoch stets Gefahr, vieles zu übersehen. Dies mußte ich bei einem sechsjährigen Jungen feststellen.

Er hatte ein großes Interesse an Fernrohren entwickelt, und ich vermutete bei ihm eine aufkeimende Neigung zum Voyeurismus. Weil ich gar nicht erst nachfragte, erfuhr ich auch nicht, wieviel er bereits über den Himmel und die Sterne wußte. Mehrmals bat ich ihn, ein Bild von sich zu malen, und jedesmal willigte er gerne ein. Er zeichnete sich immer mit einem Fernrohr in der rechten Hand, den Kopf gen Himmel gewandt. Dort sah man eine Sonne, herumrasende Kometen, Sterne und einen Mond – als ob Nacht und Tag in seinem Firmament dasselbe seien. Ich fragte ihn schließlich, was er sähe, wenn er den Blick ein bißchen senkte. «Ich würde das sehen, was ich immer sehe», meinte er. Ich hakte nach und bat ihn, genauer zu beschreiben, was sich in seinem Blickfeld befand. Er sagte mir nur, was ohnehin auf der Hand lag: Er würde Menschen, Orte und Dinge sehen.

Dann erinnerte er mich geduldig und fast mitleidig an den Zweck eines Fernrohrs: «Wenn ich hineinschaue, ist es, als würde ich auf eine lange Reise gehen, ich bin weit weg, aber gleichzeitig auch hier.» Na gut, dachte ich, aber warum das Bedürfnis nach einer solchen Reise? Er muß wohl bemerkt haben, was mir durch den Kopf ging, denn er sah mich ernst und offen an: «Warum stellen Sie mir so viele Fragen zu dem Fernrohr?» Ich schwieg für einen Augenblick und suchte nach einer unverfänglichen aber doch vielsagenden Antwort, einer, die es mir ermöglichen würde, wieder derjenige zu sein, der hier die Fragen stellte. Doch der Junge bewies Taktgefühl und erlöste mich mit einem Angebot: «Wollen Sie das Fernrohr mal benutzen? Ich kann Ihnen zeigen, wie es funktioniert.»

Erst später wurde ich mir darüber bewußt, wie geschickt er den Spieß umgedreht und sich selbst in die Position des Fragenden gebracht hatte. Mochte er uneingestandene Gründe für sein frühes Interesse an der Astronomie haben, mochte ich genügend Gründe haben, sein Leben genauer unter die Lupe zu nehmen – indirekt hatte er versucht, uns beide über diese Sichtweise hinauszubringen, indem er forderte, ich solle ernst nehmen, *was* er tut, statt nur nach möglichen Gründen für seinen Forschungsdrang zu suchen. Und sobald ich mich dem «Was» widmete, erfuhr ich mehr als nur die Fakten, die ein junger, intelligenter Forscher gesammelt hatte. Er erzählte: «Die Sterne bewegen sich schnell, auch wenn es so aussieht, als bewegten sie sich keinen Zentimeter vom Fleck.» Ich nickte, doch ich sollte noch mehr hören: «Ein Freund von mir hat gesagt, Gott verhindert, daß die Sterne zusammenstoßen, aber ich habe ihm gesagt, nein, so ist Gott nicht. Er läßt die Dinge geschehen, er mischt sich nicht ständig ein. Er hat alles geschaffen, jetzt sind die Dinge sich selbst überlassen, auch die Menschen. Mein Religionslehrer hat gesagt, es liegt an dir, ob du gut oder schlecht bist, und so ist das auch bei den Sternen. Sie bewegen sich ständig, und wenn sie von der Bahn abkommen, ist etwas schiefgegangen, es hat einen Unfall gegeben, aber nicht weil Gott geschlafen hat oder verrückt geworden ist.»

Er brach ab, um zu sehen, ob ich ihm folgen konnte. Als ich nickte, setzte er zum Schluß seines Vortrages an: «Auf unserem Stern ist es anders, hier gibt es Menschen. Und die könnten alles durcheinanderbringen. Die Sterne könnten aufeinanderkrachen, weil einer dem anderen in die Quere kommt. Das wäre Pech für beide! Aber was, wenn wir unserem Stern hier etwas antäten? Das wäre genauso schlimm, wie wenn ein anderer Stern ihn träfe, sogar noch schlimmer!»

Er bemerkte, daß ich ihn aufmerksam ansah. Ich fragte mich, weshalb er uns so nah an eine Apokalypse heranbrachte. Was lenkte seine Phantasie in diese Richtung? Er wußte, daß ich noch mehr von ihm hören wollte. Eine Weile sah er zum Himmel hinauf, senkte dann seinen Blick und ließ ihn schließlich auf dem Fernseher in der Küche ruhen. «Ich habe den Mann in den Nachrichten sagen hören, daß viel giftiges Zeug in die Luft gekommen ist.» Eine Woche zuvor war der Unfall in Tschernobyl geschehen. «Wenn die Menschen nicht lernen, sich richtig zu verhalten, ruinieren sie noch die Erde. Gott regt sich vielleicht auf, aber ich glaube nicht, daß er eingreifen würde. Wir müssen schon selber wissen, was wir tun. Man kann zu ihm beten, aber jeder muß selbst herausfinden, wie er sich zu verhalten hat.»

Auf seine unprätentiöse Art hatte er mir gezeigt, daß wir unabhängig von den «tieferen» Gründen dafür, sich so intensiv anzusehen, was so weit weg ist, und unabhängig von meiner Beschäftigung mit diesen Gründen, beide ein ähnliches Interesse hatten: die Frage nach richtig und falsch, gut und schlecht, die sich in unserem Leben ständig stellt. Der Junge, der sich aus intellektueller Neugier – oder, wie ich annahm, aus emotionaler Neigung – in ferne Galaxien zu flüchten schien, interessierte sich tatsächlich für eine der wichtigsten Fragen überhaupt: Wie wird unser Verhalten das Leben auf der Erde beeinflussen?

Der Junge hatte mich mit seinem Fernrohr auf eine lange Reise mitgenommen, aber er hatte es mir auch ermöglicht, weiter in seine Seele, sein Leben und letztlich auch in das Denken anderer Kinder vorzudringen, als ich es für möglich gehalten hatte. Für diesen Jungen – er war damals in der zweiten Klasse – waren Astronomie, Theologie, Sozialethik und Psychologie keine undurchdringlichen Geheimnisse. Er dachte über den Willen Gottes und über die destruktiven Fähigkeiten des Menschen nach, und das auf eine sehr konkrete und einsichtige Weise, auch wenn manche Erwachsene sein Interesse für kurzlebig halten oder darin eine ‹Sublimation› sehen mochten. Die Begegnung mit ihm hat mich gelehrt, daß Kinder unbedingt ernst zu nehmen sind und daß ihre Fähigkeit zu ethischer Reflexion schon im Alter von sechs oder sieben Jahren keineswegs zu unterschätzen ist.

Sprache als Mittel der Meinungsäußerung

Das Gewissen ist jene Instanz in uns, die bereitwillig die Stimmen anderer (natürlich angefangen bei unseren Eltern) gespeichert hat und uns nun allerlei Ge- und Verbote zuraunt, die uns in unserem Denken und Handeln leiten. Die meisten Grundschulkinder sind ohne Zweifel nicht nur imstande, zwischen richtig und falsch zu unterscheiden, sondern haben auch ein umfassendes Interesse daran – es ist für sie eine regelrechte Leidenschaft. Mit drei oder vier Jahren hat ein Kind gelernt, sich um sich zu kümmern, sich zu kontrollieren, selbst zu essen, und zwar mit einiger Sorgfalt und Rücksicht auf das, was andere Manieren nennen; es hat gelernt, verständlich und respektvoll mit anderen zu sprechen, eine Voraussetzung, ohne die jeder Dialog schnell scheitern würde. Kurzum, es hat gelernt, sich an die Regeln des Hauses zu halten, sich zu «benehmen», zumindest meistens.

Mit sechs oder sieben Jahren sind Kinder auch schon in

der Lage, innezuhalten, die Welt selbstbewußt zu betrachten und über sie nachzudenken, ebenso wie sie beginnen, über das Leben in moralischen Kategorien nachzudenken. Die differenzierteren sprachlichen Fähigkeiten dienen nicht mehr allein der Kommunikation, sondern auch der Reflexion. Kinder besuchen, sofern sie getauft sind, den Religionsunterricht. Sie begeistern sich wie mein junger Astronom für Naturwissenschaften, und zwar aufgrund der gleichen Fragen, die auf unterschiedliche Weise auch Theologen stellen. Sie beginnen zu lesen und erweitern ihren Horizont dadurch erheblich. Sie sehen fern und gehen ins Kino. Sie suchen sich Vorbilder, wie etwa historische Persönlichkeiten, und machen sich deren Denken und Leben zu eigen. Und Lehrer, Trainer im Sportverein und natürlich Freunde haben einen immer größeren Einfluß.

Kein Wunder, daß Eltern manchmal das Gefühl haben, ein bißchen die Kontrolle zu verlieren, auch wenn sie sich gleichzeitig freuen, daß ihr Kind älter wird, vernünftiger, kräftiger und sicherer; daß es besser versteht, was man ihm sagt, und sich besser im Griff hat, auch wenn man nun häufiger einmal streitet. Denn «Ja» und «Nein» sind nun nicht mehr so leicht durchzusetzen, und viele von uns, darunter gewiß auch Lehrer, möchten es gar nicht anders. Schließlich sollten schon in der Grundschule Reflexion und Diskussion im Mittelpunkt des Unterrichts stehen und nicht nur mechanisches Auswendiglernen. Hier sollten die Kinder zum Nachdenken über die Komplexität, Widersprüchlichkeit und Vielfalt des Geschehens auf dieser Welt angeregt werden. Zudem lernen Kinder in der Schule von Klassenkameraden ebenso wie von Lehrern und Büchern: die Bemerkungen Gleichaltriger vergessen sie weniger leicht als die von Erwachsenen. Es ist die Zeit, in der Kinder eine *Meinung* entwickeln, eine Zeit, in der die Sprache nicht mehr nur dazu dient, mit wohlmeinenden Älteren zurechtzukommen, sondern auch dazu, sich zu behaupten. Die Sprache steht nun im Dienste der Gefühle, Interessen und Fragen eines jungen Menschen.

Betsy: Schreiben mit Einsicht

Ich saß in einer dritten Klasse. Die Schüler waren etwa acht Jahre alt und lernten Addieren und Subtrahieren, Lesen und Rechtschreibung, Malen und Zeichnen und Geographie. An diesem Morgen waren sie gerade beim Rechtschreiben. Ein Mädchen machte seine Sache besonders gut. Die Lehrerin lobte sie und sprach von einem Rechtschreibwettbewerb, an dem teilzunehmen sie ihr vorschlug.

Die Idee schien dem Mädchen jedoch gar nicht zu gefallen. Stirnrunzelnd senkte sie den Kopf. Die Lehrerin bemerkte ihre Reaktion und fragte sie, ob alles in Ordnung sei. Als das Mädchen nicht antwortete, war die Lehrerin unschlüssig: Sollte sie die Sache weiterverfolgen oder einfach mit dem Unterricht fortfahren? Etwas in der Haltung des Kindes veranlaßte sie jedoch, noch einmal zu fragen, ob sie nicht Lust hätte, die Klasse bei dem Wettbewerb zu vertreten.

Das Kind schüttelte den Kopf. Dies verblüffte die Lehrerin ebenso wie die Klassenkameraden des Mädchens, die überrascht, aber auch ein wenig erfreut reagierten: Ich bemerkte, wie sie lächelten. Mir gingen Begriffe wie Autorität und Ungehorsam durch den Kopf. Ich dachte über die Bereitschaft des Mädchens nach, sich gegen ihre Lehrerin zu stellen, und über die Aufregung, die eine solche Haltung bei den anderen hervorrief. Aber auch über Gefühle von Neid und Wut, die ein kluges und begabtes Kind in anderen, die in der Schule weniger erfolgreich waren, auslösen konnte.

Auch bei der Lehrerin war die Verblüffung offenbar bald in Sorge übergegangen. Statt nach der Stunde allein mit dem Mädchen zu sprechen, entschied sie sich dafür, sie gleich und vor den anderen nach den Gründen zu fragen. Schließlich war das Problem im Kontext des Unterrichts entstanden. Sie fragte also freundlich, aber bestimmt, warum das Mädchen nicht an dem Wettbewerb teilnehmen wolle. Das Kind sah aus dem Fenster. Einen Moment lang herrschte gespannte Stille, alle Augen waren auf sie gerichtet; schließlich sagte sie: «Mein Cousin ist auf dem Gymnasium, und er sagt, daß die Rechtschreibung oft unlogisch ist. Man sollte die Wörter viel einfacher machen.»

Mit einer solchen Antwort hatte die Lehrerin zweifellos nicht gerechnet. Jetzt war sie es, die eine Weile nachdenklich aus dem Fenster sah. Schließlich sammelte sie sich und verteidigte die bestehenden Regeln. Und sie sagte: «Manches müssen wir eben einfach akzeptieren und befolgen.» Die Kinder widersprachen ihr nicht; doch spürbar lag ihr nachdenkliches Schweigen in der Luft. Was ging in ihren Köpfen vor? Ihnen war klar, daß die Lehrerin ihre Meinung gar nicht erfahren wollte. Das hatte sie mit ihrer Äußerung deutlich gemacht. Und so fügten sie sich denn wie gewünscht der Autorität der Lehrerin – zumindest schien es so.

Dennoch ließen ihre Gesten und die gespannte Ruhe im Klassenzimmer keinen Zweifel daran, daß sie nicht überzeugt waren. Warum, schienen sie sich zu fragen, warum sind manche Wörter so unnötig schwer zu schreiben? George Bernard Shaw, Flannery O'Connor und tausend andere hatten sich vor ihnen schon diese Frage gestellt, dachte ich bei mir. Plötzlich schwenkte auch die Lehrerin um: «Reden wir über Betsys Cousin. Seid ihr auch seiner Meinung?» Ihr Ton und auch ihre Frage lockerten die Schüler auf. Zögernd und vorsichtig rückten die Kinder mit der Sprache heraus, bis sich bald eine lebhafte Diskussion entwickelte. Ich war beeindruckt von dem Interesse der Kinder an diesem Thema, von ihrer Offenheit und von den moralischen Begriffen, mit Hilfe derer sie überlegten, was für Betsy, sie selbst und uns alle als Schreibende und Lesende die beste Lösung sei.

«Man muß die Worte so schreiben, wie sie immer geschrieben worden sind», meinte ein Mädchen, «sonst schreibt jeder anders.» – «Vielleicht können sich alle auf einige Vereinfachungen einigen», warf ein anderes Mädchen ein. Ein Junge neben ihr meinte: «Nur weil etwas einfach ist, ist es noch nicht richtig. Man muß sich schon ein bißchen Mühe geben.» Ein anderer: «Wer soll entscheiden, welche die beste Schreibweise ist? Was ist, wenn die Leute sich nicht einigen können? Das wird einen Riesenstreit geben!»

Betsy hielt sich eine ganze Weile zurück, vielleicht ein wenig erstaunt über das, was sie ausgelöst hatte. Schließlich hob sie die Hand und sagte: «Selbst wenn man die Rechtschreibung vereinfachen würde, lernen müßten wir sie trotzdem. Ich bin vielleicht ganz gut in Rechtschreibung, aber ich mache mir wirklich nichts daraus. Ich möchte nicht ständig angeben und sagen: Seht mal, wie toll meine Orthographie ist! Darum würde ich mir diesen Wettbewerb lieber schenken.»

In der Klasse wurde es ziemlich still. Die leisen Geräusche, das unruhige Herumrutschen und das Geflüster hier und da verebbten völlig. Die Lehrerin bemerkte die Veränderung sofort. Die Kinder warteten offensichtlich auf ein Signal von ihr. Bis Betsy gesprochen hatte, hatten ihre Klassenkameraden darum gestritten, das Wort zu bekommen. Jetzt hatten sie scheinbar nichts mehr zu sagen. Mit Betsys Einwurf schien das Thema plötzlich erschöpft zu sein. Zudem hatte sie mit Takt und ohne unterschwellige Angeberei ein Beispiel in Bescheidenheit gegeben. Sie wollte nicht im Rampenlicht stehen, bloß weil sie korrekt schrieb. Auch in der Diskussion hatte sie sich zurückgehalten. Hier zeigt sich eine Güte, die ohne große Worte auskommt, dachte ich bei mir, ein Vermeiden jeder Angeberei, ein Wille, den Egoismus und Stolz, den jeder von uns kennt, zu zügeln, damit sich andere nicht herabgesetzt fühlen.

Schließlich unterbrach die Lehrerin die nachdenkliche Stille: «Du hast recht, Betsy, es wird immer Rechtschreibregeln geben, auch wenn sie sich ändern. Ich respektiere deinen Wunsch, nicht an dem Wettbewerb teilzunehmen. Ich würde auf keinen Fall wollen, daß jemand an dem Wettbewerb teilnimmt, der es nicht möchte.»

Gedanken über Pascal

Als ich vor Jahrzehnten Pascals «Pensées» gelesen habe, habe ich mir den Gedanken 205 dick angestrichen:

«Wenn ich die kurze Dauer meines Lebens betrachte, verschlungen in die Ewigkeit, die ihm vorausgeht und folgt, den kleinen Raum, den ich ausfülle, und selbst jenen, den ich erblicke, der in der grenzenlosen Weite der Räume versinkt, von denen ich nichts weiß und die von mir nichts wissen, dann erschrecke ich und wundere mich darüber, daß ich mich eher hier als dort erlebe; denn es gibt keinen Grund, warum ich eher hier bin als dort, warum eher jetzt als früher einmal. Wer hat mich dahin gestellt? Durch wessen Anordnung und Führung ist dieser Ort und diese Zeit für mich bestimmt?»

Dieser Franzose aus dem 17. Jahrhundert, ein Wissenschaftler und Moralphilosoph, stellte die großen Fragen der Existenz auf bescheidenste Weise. Er verneigte sich vor zwei Unendlichkeiten – Raum und Zeit – und stellte ihre Beziehung her zu seiner Suche nach einer Heimat, einem Sinn, einem Ausweg aus dem quälenden Gefühl der Absurdität, das wohl jeder von uns zuweilen verspürt. Betsy war eine ähnlich existentielle Intuition durchaus nicht fremd. Korrekte Rechtschreibung, auch wenn ihr Beifall gezollt wurde, würde ihr, so hatte sie erkannt, kaum die moralische Genugtuung verschaffen, die sie suchte.

Betsy war in doppelter Hinsicht bescheiden. Weder war sie eine Angeberin, obwohl sie immer mehr die intellektuelle Führung in der Klasse übernahm – auch in anderen Fächern war sie vorbildlich –, noch wurde sie zum raffiniert bescheiden-selbstgerechten Moralapostel, der sich in seiner Tugendhaftigkeit badet. Vielmehr war sie sorgsam auf Anonymität bedacht: Laß andere an dem Wettbewerb teilnehmen.

Eine Woche nach diesem Vorfall in der Schule bestätigte ihre Mutter mir gegenüber die Schüchternheit ihrer Tochter und deren Abneigung dagegen, im Rampenlicht zu stehen. Auch die Mutter, die sich doch einiges auf ihre Tochter hätte zugute halten können, drückte sich sehr bescheiden aus. Als ich sie nach Betsys Lieblingsbeschäftigungen und Hobbys fragte, meinte sie, Betsy helfe gern im Haushalt und kümmere sich um den Hund der Familie: Sie gehe mit ihm spazieren, bürste ihn und gebe ihm zweimal täglich Futter. Als ich Betsy nach ihrem Beitrag zum Familienalltag fragte, antwortete sie: «Ich mache, was gerade ansteht.» Keine langen Aufzählungen, um Lob oder ein anerkennendes Lächeln zu ernten. Statt lange über Güte oder Tugend oder Werte zu reden, bemühte sie sich, das, was diese Begriffe bedeuten, tagtäglich in ihrem Leben zu verwirklichen.

Ich beschäftige mich hier relativ ausführlich mit Betsy, weil sie auf eine so stille und nette Weise anständig war. Ich mußte mir etwas Mühe geben, bis ich bei ihr eine gewisse ethische Charakterbildung erkennen und würdigen konnte. Ich mußte erst den Psychiater in mir überwinden, der sie allzugern zu einer etwas merkwürdigen, abweichenden «Persönlichkeit» gestempelt hätte: dieses schüchterne, verschlossene Kind, das den Schmeicheleien schulischen Erfolgs zugunsten von ein bißchen Seelenerforschung widerstand! Was also war denn nun ihr «Problem»?

Waren nicht in Wahrheit *wir* das «Problem» – Menschen wie ihre Lehrerin und ich, die die Fähigkeit eines Kindes zu ethischer Reflexion und seinen Versuch, nach bestimmten Idealen zu leben, nicht gleich erkannten?

Im Alter zwischen sieben und zehn Jahren sind viele Kinder in der Lage, in ethischen Kategorien zu denken. Wieviel Stolz und Selbstzufriedenheit zeigt man in der Öffentlichkeit, und um welchen Preis, fragen sie sich etwa, und sie tun das sowohl mit Worten als auch mit Taten. Freud und seine Anhänger bezeichnen diese frühen Schuljahre als Latenz-

phase. Das Triebleben ist in dieser Zeit relativ ruhig und sta-
bil, während das Gewissen immer besser ausgebildet wird.
Babys können anspruchsvoll, launisch und unberechenbar
sein. Schulkinder hingegen verfügen über viel mehr Verhal-
tensmöglichkeiten. Sie beherrschen die Sprache, man kann
mit ihnen sprechen, und sie sprechen mit sich selbst. «Das
habe ich zu mir gesagt», erklärte ein Siebenjähriger seiner
Mutter, die es wiederum uns erzählte. Ihr Sohn war in der
Lage, im Geist mit sich selbst zu sprechen und noch viel
mehr: sich Fragen zu stellen, zu spekulieren, sich Ziele zu
setzen, zu hoffen, zu verzweifeln, zu verurteilen – die gesamte Bandbreite der intellektuellen, moralischen und emotionalen Aktivität, zu der Menschen fähig sind. Später, in
der Pubertät, werden sich die Triebe wieder durchsetzen.

Des Guten zuviel

Wie können wir Lehrer und Eltern diese Herausforderung
annehmen und auf Kinder in Betsys Alter so reagieren, daß
sie in ihrem täglichen Handeln moralisch stärker werden?
Unabhängig von der Herkunft oder von den Verhältnissen in
der Familie liegt es im Wesen eines Kindes dieser Altersstufe,
pausenlos Fragen zu stellen. Unsere Antworten, unsere Vorschläge und Empfehlungen, die Geschichten aus unserem
Leben, die wir erzählen, sind ebenso Teil ihrer Erziehung zur
Moral wie Äußerungen von uns, die sie tagtäglich zufällig
mithören: beim Essen, am Telefon, vor dem Fernseher, beim
Gespräch mit anderen Menschen, beim Umgang mit Haustieren. All dies trägt dazu bei, unseren Kindern ein Gefühl
dafür zu geben, was wichtig ist und was nicht, wie man mit

anderen umgehen und wie man über andere und sich selbst denken sollte.

Das Familienleben ist kein steifes Seminar, in dem sich jeder ständig fürchtet, etwas Falsches zu sagen, nicht den richtigen Ton oder die richtigen Worte zu finden. Ich kenne Eltern, die die moralische Erziehung ihres Kindes verpfuscht haben, weil sie so eifrig bedacht waren, alles richtig zu machen, mit dem Ergebnis, daß ihr Kind eine unerträgliche moralische Überheblichkeit entwickelte. Leider sind eingebildete Kinder und Erwachsene, die mit erhobenem Zeigefinger herumlaufen, ebensowenig eine Seltenheit wie bornierte Moralisten, die über jeden herfallen, der ihnen über den Weg läuft. Was ihnen fehlt, ist Humor und alles, was dazugehört. Sinn für das rechte Maß, ein gesundes Urteilsvermögen, ein gelassenes Verhältnis zur Zeit, die so reichlich vorhanden ist, daß man nicht jede Minute eines Tages nach ihrem Wert beurteilen muß.

Ich will auf diese, einer gewissen Ironie nicht entbehrende Falle näher eingehen: Es gibt Familien, in denen der Moral eine so übertriebene Aufmerksamkeit geschenkt wird, daß die Kinder der aufgezwungenen Tugendhaftigkeit überdrüssig werden. Es ist nicht unwahrscheinlich, daß sie all die Regeln und Skrupel später über Bord werfen.

Eine Lehrerin hat mir von einem Kind erzählt, das dort weitermacht, wo sie aufhört. Im Gang oder auf dem Schulhof macht es Kindern Vorhaltungen, die geschwätzt, abgeschrieben oder dazwischengerufen haben. Dieses Kind ist in der vierten Klasse, in einem Alter also, in dem man den Kindern ein bißchen Spielraum lassen sollte, wie die Lehrerin meinte. Und sie gestand, daß dieser Hilfssheriff sie eigentlich mehr störe als die Kinder, die gelegentlich über die Stränge schlagen und über die sie insgeheim manchmal sogar lächeln müsse.

«Was soll ich mit dem Jungen machen», fragte sie mich. «Wenn er sich weiter so unbeliebt macht, hat er bald keine Freunde mehr.» Ich nehme fast an, daß dieser Junge liebend gern all die Sünden selbst begehen würde, die er bei anderen beobachtet. Um sich selbst in Schach zu halten, ermahnt er permanent die anderen.

Aber nein, wir wollen ja nicht über Gebühr psychologisieren. Etwas anderes steht im Vordergrund: Wie ich später erfuhr, beschäftigen sich seine Eltern intensiv mit dem Thema, das ich in diesem Buch behandle. Ständig wurde der Junge von seinem Vater, der nicht nur Anwalt, sondern auch äußerst gesetzestreu war, vor Vergehen gewarnt. Autofahrer, die zu schnell fuhren oder beim Abbiegen nicht blinkten, Leute in Geschäften, die nicht «bitte» und «danke» sagten, Leute, die fluchten – niemand entging seinen Argusaugen. Sein energisches und unnachgiebiges Bemühen um das Gewissen seines Sohnes, seine Versuche, ihn wachsam für falsches Verhalten und sensibel für die Unsensibilität anderer zu machen, hatte bereits Folgen gezeitigt. Der Junge war unablässig und auf eine so strenge und selbstgefällige Art mit den Fehlern anderer beschäftigt, daß er aus seiner eigenen moralischen Wachsamkeit mehr als nur Stolz bezog. Sie hatte zu jener Eitelkeit geführt, die mit guten Leistungen einhergehen kann. So wären er und sein Vater ein warnendes Beispiel: Fanatismus kann jede Bemühung, so auch den Versuch, eine Familie oder Person zu guten Werken zu zwingen, zur Farce machen.

Eine Lehre aus der Geschichte:
Über Courage

Wer Kinder unterrichtet, kennt ihre ständige Neugier, ihr Bedürfnis, die Grenzen ihres Wissens und Fühlens auszuweiten. Als ich einmal eine vierte Klasse unterrichtete, wollte ich mit den Kindern über die Entdeckung und Erforschung Amerikas und später den Unabhängigkeitskrieg sprechen. Ich achtete sorgfältig darauf, daß sie Fakten, Daten, die Namen der Schiffe und die Orte kennenlernten, an denen die ersten Entdecker an Land gekommen waren. Ich zeigte ihnen auf Landkarten, welcher Teil Amerikas von welchem Land besetzt war. Ich wollte über Schlachten, Kriege und über Könige sprechen, die Expeditionen aussandten. Ich wollte ihnen erklären, aus welchen Gründen die ersten Siedler ihre Heimat in Europa aufgegeben hatten, seien es religiöse Verfolgung, Verbannung, Gefangenschaft oder sei es der Wunsch gewesen, ein neues, besseres Leben zu beginnen.

Einige Kinder hörten aufmerksam zu, andere taten zumindest so, einige waren ganz einfach desinteressiert und gelangweilt. Um sie etwas mehr zu begeistern, versuchte ich es mit Geschichten, zeigte Bilder und Landkarten. Plötzlich kam mir ein Mädchen mit einer Frage zu Hilfe: «Glauben Sie, daß die Menschen auf diesen Auswandererschiffen glücklich waren?»

Darüber hatte ich noch nie nachgedacht. Ich hatte mir natürlich die Frage gestellt, warum die Pilger und Puritaner, die Quäker und Katholiken ausgewandert waren. Und ich wußte auch, daß es eine lange, harte Reise war, die viele nicht überlebten. Aber ich hatte nie versucht, mich in diese Menschen hineinzuversetzen, wie dieses Mädchen es jetzt tat. Obwohl mir das ein wenig einfach vorkam, gab ich die Frage an ihre Klassenkameraden weiter: «Was denkt ihr?»

Niemand meldete sich, und ich schickte mich schon an, die Frage, anders formuliert, zu wiederholen oder laut nachzudenken und selbst eine Antwort zu geben. Ich hätte wohl gesagt, daß ich nicht glaube, daß diese Leute überhaupt an Glück gedacht haben, eher an andere Aspekte des Lebens, an richtig und falsch. Als mir dieser Gedanke durch den Kopf ging, präzisierte das Mädchen noch einmal ihre Frage und konfrontierte mich dabei unwillentlich mit meiner bis dahin unbewußten Herablassung. «Ich frage mich einfach, ob die Pilgerväter, sobald sie an Bord der Schiffe und auf See waren, sich dachten: Wir haben das Beste getan, wir haben die richtige Entscheidung getroffen.»

Jetzt fing die Klasse Feuer. Es war dieses Wort «glücklich» gewesen, das sie zuvor ebenso blockiert hatte wie mich. Ein Mädchen bejahte die Frage mit Nachdruck und erklärte: «Wenn du etwas tust, was du für richtig hältst, dann bist du froh, die richtige Entscheidung getroffen zu haben; du bist glücklich, auch wenn du viele Schwierigkeiten und viel Leid auf dich genommen hast. Meine Mutter sagt, das Schlimmste sei, wenn man etwas tut und weiß, es ist falsch, aber trotzdem weitermacht.»

Auf der anderen Seite des Klassenzimmers meldete sich ein Kind mit einer anderen Ansicht zu Wort: «Ich glaube, diese Leute hatten wahrscheinlich Angst, schreckliche Angst. Ich kann mir nicht vorstellen, daß sie dasaßen und glücklich über die richtige Entscheidung waren. Ich schätze, sie fürchteten, einen Fehler gemacht zu haben. Sie fuhren ja auch praktisch ins Nichts. Ohne zu wissen, was sie erwarten würde, haben sie das Leben aufgegeben, das sie in Europa gehabt hatten. Da waren sie nun, mitten auf dem Meer, und die Fahrt dauerte ewig – wir vergessen heute ja, wie lange sie dauerte. Trotzdem hatten sie ihre Entscheidung getroffen, umkehren würden sie auf keinen Fall. Sie machten sich also Sorgen, aber sie wußten, was sie taten und warum sie es taten. Daß sie sich entschieden hatten, *darüber* waren sie glücklich.»

Als sich anschließend niemand mehr zu Wort meldete, dachte ich schon, wir hätten das Thema erschöpfend behandelt. Ich wollte mit meinem Unterricht fortfahren und näher auf die Einzelheiten der amerikanischen Geschichte des siebzehnten Jahrhunderts eingehen. Da meldete sich doch noch ein Junge und sagte: «Ich glaube nicht, daß sie überhaupt an die rauhe Überfahrt oder an die Schwierigkeiten dachten, die sie haben würden, sobald sie an Land gingen. Sie haben einfach getan, was sie tun mußten; sie waren mutig. In Europa hatten sie nur Feinde, die Leute kritisierten sie wegen ihres Glaubens. Doch sie wollten sich keinem anderen Menschen beugen.» Ich fragte dazwischen: «Ist das deine Definition von Mut: Tun, was man tun muß?» Er darauf: «Mut ist, wenn man an etwas glaubt, fest glaubt, so daß man auch Gefahren in Kauf nimmt, solange man seinen Überzeugungen nur treu bleibt.»

Nun wollten plötzlich alle sprechen, nicht darüber, was die Pilger und Puritaner gefühlt oder geglaubt haben mochten, sondern über Mut, und wie man sich getreu zu seinem Glauben und seinen Überzeugungen verhält. «Wenn man an etwas glaubt», sagte ein anderer Junge, «aber man will dafür nichts riskieren, glaubt man dann wirklich daran? Ich finde nicht! Dann ist es nur Gerede, aber kein wirklicher Glaube.» Ein Mädchen schüttelte den Kopf, während er sprach, und konnte kaum erwarten zu entgegnen: «Es ist nicht richtig, zu sagen, daß man den Ozean überqueren und bei der Überfahrt oder kurz darauf sterben muß, nur um zu beweisen, daß man an etwas wirklich glaubt. Du kannst an etwas glauben, aber das heißt nicht, daß du über ein Seil springen mußt, um es zu beweisen. Die Entscheidung, was du tust, um zu zeigen, daß dein Glaube wahrhaftig ist, liegt bei dir. Vielleicht mußt du gar nichts machen und gar nichts zeigen. Warum solltest du dir selbst etwas beweisen, indem du etwas tust? Warum kannst du nicht einfach deinen Glauben haben? Es ist doch ganz allein deine Angelegenheit.»

Noch lange bemühten sich die Kinder, zu klären, was Glaube ist und ob und wie er im Leben verankert ist. Ein Mädchen verteidigte den Jungen, der Mut mit Handeln verknüpft hatte, und brachte uns wieder zu den Pilgern: «Es geht doch nicht um einzelne Taten. Es geht darum, daß es den Pilgern alles bedeutete, ihre Religion so zu praktizieren, wie sie es wollten. Wenn sie das aufgegeben hätten, hätte das nicht bedeutet, daß sie nicht so fest in ihrem Glauben gewesen wären? Bei uns kann jeder seine Ideen und seinen Glauben haben, niemand muß also irgend etwas beweisen. Aber die Pilger mußten sich vor Gott beweisen! Wer nach seinem Glauben lebt und dabei mit Schwierigkeiten fertig werden muß, der ist mutig. Aber Mut ist kein Selbstzweck, es ist ja nicht der Mut, an den man glaubt.»

Ich war sehr beeindruckt. Verstohlen warf ich einen Blick auf den Kassettenrekorder, um sicher zu sein, daß auch alles aufgenommen worden war. Diese Schülerin hatte die Fähigkeit zu einer moralischen Analyse bewiesen, die das Wesen des Glaubens und seine Beziehung zum praktischen Leben umfaßte. Es erfordert Mut, so könnte man ihre Äußerung zusammenfassen, sich bewußt und trotz aller Angst scheinbar sorglos für das, was man glaubt, in Gefahr zu bringen. Mut zeigt sich bei jedem Menschen in anderer Form. Die Pilger hatten den Glauben zum Hauptinhalt ihres Lebens gemacht. Den Ozean zu überqueren, um die Freiheit zu haben, nach seinen Überzeugungen leben zu können, erforderte Mut. Man könnte ihn also als Entschlossenheit definieren, allen Hindernissen und Gefahren zum Trotz nach den eigenen Werten und Vorstellungen zu leben, nicht so sehr als bloße Fähigkeit, Gefahren mit scheinbarer Selbstsicherheit zu begegnen. – Dieses Mädchen und mit ihr die gesamte Klasse hatten ein bestimmtes Verhalten analysiert und versucht, dessen Gründe herauszufinden.

Als ich die Klasse abschließend fragte, welche anderen Glaubens- und Wertvorstellungen es wert wären, mutig verteidigt zu werden, kam eine Flut von Vorschlägen: Die Liebe von Eltern zu ihren Kindern und von Kindern zu Eltern wurde ebenso genannt wie die Heimatliebe oder die Loyalität gegenüber Freunden. Mut war in den Augen dieser Kinder also eine Tugend, die dazu beiträgt, andere Tugenden zu praktizieren.

Ich habe diese Schulstunde beschrieben, um zu zeigen, welche moralischen Überlegungen Kinder bereits anzustellen in der Lage sind. Und dies geschah völlig zwanglos und spontan. Mir scheint, wenn ich explizit um eine Erörterung von Mut, seinen Voraussetzungen und seiner Rolle im Leben von Menschen gebeten hätte, wären die Kinder meiner didaktischen Methodik zwar gefolgt, hätten sich aber mit dem historischen Moment, zu dem sie eine so persönliche Verbindung herzustellen vermochten, wesentlich weniger offen und direkt beschäftigt. Viele jüngere Schulkinder haben noch eine unglaublich lebhafte Phantasie. Sie können sich mühelos in alle möglichen Welten versetzen, seien sie nun historisch oder zeitgenössisch, real oder fiktiv, und bringen dabei ihre ganz eigenen moralischen oder intellektuellen Vorstellungen ein. Lehrer müssen diese Neigung kontrollieren und steuern. Sie müssen den Kindern helfen, zwischen sich als Lesern oder Diskutanten und dem jeweiligen Thema zu unterscheiden. Aber wenn man diesen Unterschied zu stark betont, riskiert man als Lehrer, die Bereitschaft der Kinder zu ersticken, sich beispielsweise in das Leben im London des siebzehnten Jahrhunderts zu versetzen, aus dem die Pilger aufbrachen. Auch ihre Bereitschaft, persönlich und bekennend zu denken, also das, was andere früher getan haben, an ihren eigenen Erfahrungen zu messen, kann dabei verlorengehen.

Während der ersten Schuljahre hofft man immer, daß Kinder zu Hause und in der Schule lernen, was von ihnen erwartet wird, wie sie sich zu verhalten haben und was ihre Pflichten sind. Doch sie interessieren sich mehr für richtig und falsch, gut und böse, als uns Eltern und Lehrern oft klar ist. Sie suchen stets nach einer Gelegenheit, all die Gebote und Mahnungen, das Lob und die Rügen, die sie in verschiedenen Situationen erhalten haben, zu verstehen. Zudem hat das, was Eltern und Lehrer ihnen vorgelesen, und das, was sie selbst gelesen haben, sie ermutigt, sich noch mehr Gedanken über ethische Fragen zu machen. Aschenputtel, Robin Hood, David und Goliath, Schneewittchen, der Rattenfänger von Hameln und Rotkäppchen – sie alle kämpfen in ihren Abenteuern unter großen Gefahren für das Gute und gegen das Böse. Darüber hinaus erfinden Eltern oft eigene

Geschichten, die sie ihren Kindern meist beim Zubettbringen erzählen. Sie stützen sich dabei meistens auf Geschichten, die sie von ihren eigenen Eltern gehört haben, oder auf Anekdoten mit einer oft sehr deutlichen moralischen Botschaft.

Ich erinnere mich noch an ein weiteres interessantes Erlebnis aus meiner Praxis als Lehrer: die Art und Weise, wie meine Klasse – und übrigens auch meine eigenen Kinder zu Hause – die Attentate auf die amerikanischen Präsidenten Lincoln und Kennedy aufgenommen haben. Beide stehen für so vieles: Lincoln als derjenige, der die Sklaverei bekämpfte, Kennedy als der junge, hoffnungsvolle und idealistische Präsident, der das Friedenskorps gründete und den unterdrückten Minderheiten zu mehr Rechten verhalf. Warum, so fragen viele Kinder, mußten beide auf dem Höhepunkt ihrer Macht sterben? Wie kann man solche Tragödien begreifen? Was soll man von den Attentätern halten, von John Wilkes Booth und von Lee Harvey Oswald, die fast genau im Abstand von einem Jahrhundert ihre Waffe auf einen Präsidenten richteten und abdrückten. Eine historische Tragödie wird hier zu einem atemberaubenden Drama, das die moralische Sensibilität eines Kindes zutiefst beschäftigt. Hier können Eltern und Lehrer anhand ihres eigenen ethischen Interesses und, ja, ihres Sinns für das Dramatische ein Kind oder eine Gruppe von Kindern dazu anregen, über ihren eigenen moralischen Standpunkt nachzudenken, indem sie versuchen, den eines anderen, eines Präsidenten oder eines Attentäters, nachzuvollziehen.

Eine weitere Lehre aus der Geschichte – und ein moralischer Familienkonflikt

1971, acht Jahre nach Kennedys Ermordung, sprach ich mit einem neunjährigen Jungen, Tim, und seinen Eltern in einer kinderpsychiatrischen Klinik in Boston. Sowohl zu Hause als auch in der kirchlichen Privatschule, von der man ihn bereits verweisen wollte, tat der Junge, was er wollte – daher auch der Besuch beim Arzt. Seine Eltern gaben deutlich zu verstehen, daß sie nicht viel von Psychologie hielten. Ich beglückwünschte sie – ein Versuch, Mißtrauen durch Humor abzubauen. Aus der Tatsache, daß wir hier zusammensaßen, schloß ich, daß ihr Sohn mehr als nur gelegentlich rebellisch war. Sie stimmten mir voll und ganz zu und beklagten sich sehr über Tims ständigen «Ungehorsam». Als ich sie bat, mir konkrete Beispiele zu nennen, blieben sie vage: «Er hält sich nicht an die Regeln.» Welche Regeln das seien, wollte ich wissen. Doch sie wichen aus und erklärten: «Es ist, als ob der Junge seinen eigenen Kopf durchsetzen will.» Ich bettelte schließlich fast um Einzelheiten. Dabei bemerkte ich zu spät, daß ich ihnen Vorhaltungen machte: «Bitte, es wäre äußerst hilfreich, wenn Sie mir ein paar Beispiele nennen könnten. Ich kann Ihnen kaum helfen, wenn Sie mir nicht konkret erzählen, was vorfällt.» Sie verstummten. Ich beschloß, es selbst herauszufinden, sobald ich den Jungen kennenlernen würde. Im Raum entstand eine unangenehm gespannte Atmosphäre, vielleicht ein Anhaltspunkt dafür, was sich zwischen ihnen und ihrem Sohn abspielte.

Als die Eltern gegangen waren, kam ich mit Tim auf diesen Moment zurück – Tim hatte schweigend dabeigesessen –, in dem ich mit seinen Eltern in diese Sackgasse geraten war. Er erklärte mir ihre Weigerung, Einzelheiten zu nennen: «Meine Eltern, vor allem mein Vater, reden immer übers Grundsätzliche. Aber man kann sie nicht festnageln. Ich versuche es. Sie haben es auch versucht. Verstehen Sie, was ich meine?» Die Äußerung verblüffte mich, aber sie machte mich auch vorsichtig: Der Junge war ein bißchen schnell mit dieser kritischen Bemerkung über seine Eltern einem Fremden gegenüber. Sollte das etwa die Einladung zu einer Art Verschwörung werden? Ich bat ihn wie seine Eltern um ein Beispiel, aber auch er scheute davor zurück. Ich gab mich also geschlagen und versuchte, etwas über andere Bereiche seines Lebens zu erfahren, seine Lieblingsfächer in der Schule zum Beispiel. Geschichte und Politik, meinte er. Wieder bemühte ich mich um eine genauere Auskunft. Ich fragte, welche Themen ihm am meisten gefallen hätten. Er erzählte mir, daß er sich sehr für Kennedy interessiert habe, «der erste Katholik, der ins Weiße Haus kam».

Mir fiel die Wortwahl auf, deshalb fragte ich weiter: «Wie hat er das geschafft?» Tim sah mich an, blieb aber unverbindlich: «Er wurde gewählt.» Dann wurde er deutlicher: «Da gab es eine Menge Schiebereien, sagt meine Schwester. Sie hätten fast die Wahl manipuliert, um ihn abzusägen.» Wer sind «sie», wollte ich wissen. «Die Leute, die Angst vor Kennedy hatten», meinte er. Wieso Angst? «Na ja, er war Katholik», bekam ich zur Antwort. Das schrieb ich der Schwester zu, vielleicht auch den Eltern. Gerne hätte ich meine Sicht dieser Wahl von 1960 dargelegt: daß es zwar auf beiden Seiten einige Unregelmäßigkeiten gegeben haben mag, aber keineswegs einen großangelegten Versuch, die Wahl eines Katholiken zu vereiteln, wie dieser Junge das gut ein Jahrzehnt zurückliegende Geschehen interpretierte.

Ich hielt mich mühsam zurück, eine Frage zu stellen, die meine Sicht der Dinge hätte durchblicken lassen. Dazu hätte es schon genügt, laut zu überlegen, ob es sich nicht eher um einen Kampf zwischen zwei politischen Parteien als um einen Glaubenskrieg gehandelt habe. Doch manchmal ist es einfacher, die Zunge im Zaum zu halten als die Miene. Der Junge erkannte meine Skepsis und kam mir mit seiner Frage zuvor: «Glauben Sie, daß sie versucht haben, Kennedy aus dem Weißen Haus herauszuhalten, weil er Katholik war?» Ich will nicht ausweichen – eine Krankheit bei Leuten meines Schlages – und die Frage einfach an den Fragenden zurückgeben. Kurz und bündig antworte ich: «Nein.» ich hätte das auch näher ausgeführt, aber der Junge war mir einen Schritt voraus: «Das finde ich auch; Sie haben wahrscheinlich recht.» Jetzt war ich überrascht über seine abrupte Kehrtwendung. Der Junge spürte mein Zögern und meine Verblüffung. Er erklärte: «Unsere Lehrerin ist sehr streng. Wenn man ihr in der Klassenarbeit oder in der Stunde nicht genau das erzählt, was sie gesagt hat, läßt sie einen durchfallen. Mein Vater ist genauso. Meine Mutter sagt: ‹Er vertritt das Gesetz.› Das stimmt schon, er ist Anwalt. Als die Lehrerin sagte, Leute hätten versucht, zu verhindern, daß Kennedy die Wahl gewinnt, meinte mein Vater: ‹Ja.› Meine Mutter sagte, das seien nur die üblichen politischen Spielchen gewesen. Aber mein Vater sagte, in dem Fall sei es was anderes gewesen. Da hat sie nicht mehr widersprochen.»

Ich begann zu verstehen, wie Autorität und Macht in dieser Familie mit dem Kind verknüpft waren. Ich begriff, welche Ansichten in der Familie herrschten und welche Auseinandersetzungen damit verbunden waren, obwohl es noch lange dauern sollte, bis ich das Thema gegenüber dem Jungen offen zur Sprache brachte. Statt dessen unterhielten wir uns über Geschichte, über den Unterricht, über Kennedy und seinen Attentäter. Wir sprachen ausführlich über die «Tausend Tage» der Präsidentschaft Kennedys und ihr schreckliches Ende in Dallas. Tim fragte mich, warum «dieser Mann», er hatte den Namen vergessen, den Präsidenten getötet habe. Ich erklärte, daß ich bezweifelte, daß man diese Frage jemals beantworten könne. Schließlich war der Attentäter erschossen worden, bevor er intensiv verhört werden konnte. Doch der Junge meinte: «Na ja, er war in Rußland gewesen, er war Kommunist, und er haßte Kennedy, weil er der Feind war, ein Amerikaner und ein Katholik.»

Ich antwortete nicht sofort. Ich wollte das Thema fallenlassen, obwohl ich es im stillen für unwahrscheinlich hielt, daß Oswald an Kennedys Konfession gedacht hatte, als er abdrückte. Wieder bewies Tim ein gutes Auge für Signale, die ich ohne mein Wissen aussandte – ein skeptischer Blick vielleicht, der Verwunderung, wenn nicht gar Zweifel erkennen ließ. Er erklärte schlicht und entwaffnend: «Sie glauben das nicht.» Ich antwortete: «Nein, nicht ganz.» Darauf überraschte er mich mit der Entgegnung: «Sie wären kein guter Lehrer!» Ich erkannte ein Lächeln bei ihm und bat nun doch um eine Erklärung. «Lehrer müssen doch immer ja oder nein sagen, nicht vielleicht!» – «Ach?» sagte ich. – «Ja. Obwohl, ein paar Lehrer kenne ich doch, die einem dann und wann ein ‹vielleicht› durchgehen lassen würden. Ich mag dieses ewige Ja und Nein nicht. Meine Eltern sagen: ‹Entweder richtig oder falsch, dazwischen gibt es nichts.› Dasselbe höre ich in der Schule. Und wenn ich nicht einverstanden bin, bekomme ich Ärger.»

In dieser und den folgenden Sitzungen kam noch sehr viel mehr ans Licht, dem sich – zumindest andeutungsweise – entnehmen läßt, wie sich im Leben eines Kindes eine moralische Richtung entwickelt, eine spezifische Sichtweise der Welt mit ihrem Richtig und Falsch, mit ihren Ursachen und mit ihren Tragödien. Unsere Gespräche kreisten vor allem um einen Punkt: Sowohl die Eltern als auch die Lehrer hatten dem Jungen beigebracht, nur auf eine bestimmte Art zu denken. Für sie gab es nur Eindeutigkeit. Entweder – oder, ja oder nein. Ohne Abstufungen, Einschränkungen oder Spekulationen. Tims «rebellisches» Verhalten zeigte sich vor allem darin, daß er nicht aus Vorbildern lernen und ohne Protest annehmen konnte, was er gesehen und gehört hatte. Doch genau das tun die meisten Kinder: Sie beobachten, wie Ältere sich verhalten, hören ihnen zu und folgen ihrem Beispiel. Daß der Junge Schwierigkeiten damit hatte, lag daran, daß seine Mutter, wie ich bald erfuhr, häufig anderer Meinung war als sein Vater und seine Lehrerinnen. Sie war als Protestantin zum Katholizismus übergetreten, um ihre «Ruhe zu haben» und um mit ihrem Mann «an einem Strang zu ziehen», wie sie einmal erklärte. Leichter gesagt als getan: Ihr Sohn spürte den Widerspruch, ihre Vorbehalte, ihre unterschiedlichen Ansichten, die sich, manchmal schlecht verhüllt, in beiläufigen Bemerkungen niederschlugen. Ihre nie wirklich ausgesprochenen Zweifel wurden auch seine. Er übernahm ihre moralischen Bedenken, ihre Fähigkeit für Zwischentöne, ihre Skepsis und Nachdenklichkeit, aber er bemühte sich auch sehr, seinem Vater und seinen Lehrerinnen zu gehorchen. Er bemühte sich, aber es gelang ihm nicht.

Seine Schwierigkeiten waren also in Wahrheit moralischer

Art: ein Aufeinanderprallen von unterschiedlichen Werten und Ansichten. Je länger ich mich mit ihm unterhielt, desto mehr verstand ich, wie sensibel er weniger die Worte als vielmehr die Taten seiner Eltern widerspiegelte. War er in einem Augenblick brüsk, fordernd und auf eine provozierende Weise selbstsicher, so konnte er im nächsten rührend um andere besorgt und verständnisvoll sein und eine aufrichtige Bescheidenheit an den Tag legen. Die Aggressivität, die er gegenüber seinen Lehrerinnen zeigte, wenn diese nicht lockerließen, war in Wirklichkeit ein Plädoyer für die Ansichten seiner Mutter, die stets die Bedeutung der Komplexität und der Ambivalenz betonte. «Meine Mutter sagt immer: ‹Sehen wir uns doch mal die andere Seite der Medaille an›», meinte der Junge einmal, als wir uns dem Ende der Sitzung näherten, und dann erzählte er, was sein Vater unweigerlich darauf erwidert hatte: «Die Dinge sind, wie sie sind. So ein Unsinn, überall irgend etwas hineinzugeheimnissen!»

Tim hörte nicht nur solche widersprüchlichen Äußerungen, sondern er versuchte auch, sie zu versöhnen. Dies erschien ihm um so notwendiger, als sich seine Eltern auch entsprechend unterschiedlich verhielten: Der Vater war gegenüber der Familie, aber auch gegenüber Freunden, Nachbarn und Angestellten barsch und herrisch. Die Mutter hingegen war nett und freundlich, stets offen für die Einschätzungen anderer und bereit, sich für eigene Fehler zu entschuldigen. Sicher spielte auch die emotionale Seite eine Rolle. Einerseits liebte er seine Mutter sehr, andererseits wollte er ein Mann sein wie sein Vater.

Einmal erzählte er von einer Situation, die geradezu typisch war. Er hatte damals das Hausmädchen ermahnt, weil sie beim Staubwischen ein Zimmer übersehen und den Papierkorb nicht geleert hatte. Sein Vater lächelte, als er seinen Sohn so reden hörte wie sich selbst, wie ein General zu seiner Truppe. Seine Mutter dagegen senkte den Kopf und schwieg – bis sie ihn später beiseite nahm und ihm erklärte, das Mädchen habe seinen eigenen Rhythmus beim Putzen des Hauses. Sie hätte das Zimmer ganz sicher später saubergemacht. Daraufhin senkte nun er den Kopf. Und am nächsten Tag sorgte er in der Schule für Ärger, weil seine Lehrerin, wie er es schilderte, der Klasse ständig einpaukte, sie wolle um jeden Preis, daß Recht und Ordnung herrsche, und jeder, der diesen traumhaften Zustand störe, werde streng bestraft. «Ich habe mich nur gemeldet», erinnerte sich Tim, «und schon ging sie in die Luft!»

Nach einem längeren Gespräch zwischen uns entsann sich Tim noch, daß die Lehrerin über richtig und falsch in der Grammatik gesprochen und der Klasse erklärt hatte, sie wolle kein «wenn, aber, und» hören, sondern verlange die strikte Befolgung der Regeln. Unbeeindruckt von ihrer Warnung, hätte er gerne gefragt: «Aber wer hat denn die Regeln gemacht?», und er streckte seinen Finger in die Höhe. Die beiden waren schon mehrmals heftig aneinandergeraten, nachdem ein anderer Schüler im Religionsunterricht kritische Fragen gestellt hatte. Diesmal verlor sie die Geduld. «Als sie das Buch, das sie in der Hand hielt, auf das Pult knallte, dachte ich, sie würde gleich explodieren», erinnerte sich der Junge. «Und das tat sie auch: Sie kam, packte mich, zerrte mich vom Stuhl und aus dem Klassenzimmer und sagte mir, ich müsse für zehn Minuten draußen bleiben. Als ich ihr sagte, daß ich keine Uhr habe und deshalb nicht wissen könne, wann die Zeit vorbei sei, lief sie rot an, ging zurück ins Zimmer und knallte die Tür zu.»

Da stand er also, dachte ich, buchstäblich ein Außenseiter, umhergetrieben und verwirrt von der widersprüchlichen Moral, die seine Familie täglich lebte. Eine seiner Lehrerinnen hatte zu seiner Mutter gesagt: «Wenn er aggressiv wird, sieht man, wie seine Augen sich mit Tränen füllen.» Die Eltern konnten sich dieses auffällige Symptom, wie sie es nannten, nicht erklären. Doch hier ging es meines Erachtens nicht nur um ein psychologisches, sondern auch um ein zutiefst moralisches Problem: Wie ließen sich die unterschiedlichen und sogar kontrastierenden Ansichten der Eltern versöhnen? Durch einen traurigen Blick, der alle Trotzigkeit und Aggressivität begleitete, als wolle er sie ungeschehen machen.

Widersprüchliche moralische Botschaften

Viele tragen, wie dieser Junge, widersprüchliche moralische Maßstäbe und Prinzipien mit sich herum und ringen lange und hart um einen Weg, sie zu vereinbaren. Wir folgen unterschiedlichen Stimmen in uns, den Äußerungen unserer Eltern, Lehrer und Verwandten, die wir als Kinder gehört haben und an die wir uns heute noch erinnern. Vor allem erinnern wir uns an das Verhalten jener großen Vorbilder in unserem Leben: Welche Richtung haben sie in ihrem Leben eingeschlagen? Ließen sie sich von anderen ablenken? Sind sie ihren Prämissen treu geblieben, oder haben sie in Widerspruch zu ihnen gehandelt?

Die frühen Schuljahre, die Zeit bis zum Beginn der Pubertät, spielen für die Entwicklung des moralischen Bewußtseins eine wichtige Rolle, und nicht nur aufgrund der

Auseinandersetzung mit den Eltern. In dieser Zeit kommen Lehrer, Eltern von Freunden und andere Erwachsene als Vorbilder hinzu. Häufig ergänzen sie sich, oft aber stehen sie für ganz andere Vorstellungen als die, die in der eigenen Familie gelten.

Ich lernte einmal ein Mädchen kennen, das sich so ernsthaft bemühte, verschiedene Vorstellungen, von denen es gehört hatte, zu vereinbaren, daß es mit acht Jahren erklärte, es wolle nicht einen, sondern drei Berufe hintereinander ausüben: Als erstes wollte sie als Krankenschwester in einer Kriegsregion arbeiten – ihr schwebte damals Bosnien vor –, dann wollte sie Geschäftsfrau werden, und schließlich Künstlerin. Ich fand ihre sorgfältige Planung und ihren Ehrgeiz ebenso interessant wie überraschend, wenn ich auch vielleicht etwas verärgert war über die leichte Vermessenheit und den übersteigerten Anspruch ihres extravaganten Lebensentwurfs. Mit behutsamer Höflichkeit, die über meine amüsierte Skepsis hinwegtäuschen sollte – oder war es ein populistischer Groll, daß einige wenige sich solche Pläne leisten können, während andere davon träumen, einmal satt zu werden oder ein Dach über dem Kopf zu haben –, dachte ich laut über die Logik nach, die ihrem Vorhaben zugrunde lag.

Sehr bald merkte ich, daß mir meine eigenen Vorurteile und Wertvorstellungen im Wege standen und meiner ärztlichen Aufgabe zuwiderliefen. Ich erkannte, daß dieses Mädchen durch die gewaltigen Anforderungen verunsichert war, die seine Eltern, beide extrem erfolgreich, an es stellten. Die häufigen Hautprobleme und Eßstörungen – sie war sehr wählerisch – sprachen Bände von der indirekten Überforderung durch die Eltern. Warum sollte ich ihr also mein Mitgefühl verweigern, zumal die Fragen, die sie sich stellte, denen anderer Kinder ganz ähnlich waren: «Vielleicht ist es ja falsch, so viele Berufe haben zu wollen. Vielleicht sollte ich bei einem davon bleiben, aber ich weiß nicht, bei welchem! Mein Vater ist Geschäftsmann, aber er ist auch Vorstand eines Krankenhauses; und meine Mutter ist Professorin für Betriebswirtschaft, aber sie sitzt auch im Vorstand des Museums – Sie sehen, sie sind überall.»

Das Mädchen und sein jüngerer Bruder sahen ihre Eltern bei all den beruflichen und ehrenamtlichen Tätigkeiten nur wenig. In der Phantasie aber verbrachten sie viel Zeit mit ihnen. Daher rührte auch der Versuch des Mädchens, seine eigene Karriere nach dem Beispiel der Eltern zu entwerfen.

Ich muß an dieser Stelle noch einmal betonen, daß wir meist durch unser Vorbild lehren. Dieser Vorgang vollzieht sich ständig, doch oft sind wir uns dessen nicht bewußt. Wir sollten uns daher öfter fragen, welches die Ziele unserer Erziehung sind. Woran sollen unsere Kinder oder unsere Schüler glauben? Was sollen sie lernen? Welche Werte können wir ihnen durch unser Handeln vermitteln?

Das Phantasieleben, das sich das Mädchen erträumt hatte, war ein typisches Beispiel für jene Imitation des elterlichen Vorbilds. Als ich sie fragte, für welchen der drei Berufe sie sich entscheiden würde, wenn sie wählen müßte, meinte sie barsch, sie könne nicht nur einen herauspicken. Als wir uns eine halbe Stunde später dem Ende der Sitzung näherten, sprach sie bemerkenswerterweise das Thema Zeit an: wie schnell sie vorbeigehe, vor allem für ihre Eltern, die, wie sie sagte, immer in Eile seien. Ich sah sie interessiert und neugierig an, und sie kannte mich gut genug, um meine Mimik richtig zu deuten. Deshalb erzählte sie mir eine kleine Geschichte, um ihre Bemerkung zu illustrieren.

«Mein Vater mußte einmal zu einer Sitzung ins Krankenhaus, und er war viel, viel zu spät. Er kam zu spät nach Hause, schnappte sich etwas zu essen, erledigte ein paar Anrufe und verabschiedete sich sofort wieder. Als er gegangen war, sagte unser Kindermädchen Clara: ‹Euer Vater ist so schnell losgefahren, ich hoffe, er baut keinen Unfall!› Darauf meinte ich, dabei könne außer ihm selbst auch noch jemand anderer zu Schaden kommen. Clara sagte, so etwas dürfe man nicht denken. Doch ich meinte, in Vaters Krankenhaus bekämen ja dann immerhin alle die beste Pflege.»

Dem Kind war plötzlich die ganze Ironie bewußt geworden: Der eilige Krankenhauswohltäter machte seine eigene Arbeit für das Gesundheitswesen zunichte, indem er durch seine Fahrweise Menschenleben riskierte, bloß um pünktlich zu einer Sitzung zu erscheinen. Seiner Tochter blieb es überlassen, einen Sinn in all das zu bringen und herauszufinden, auf welche Werte es ankommt, mit welchem Maß an Leidenschaft sie zu vertreten sind, welche Charakterzüge erstrebenswert sind und mit wieviel Konsequenz wir dabei vorgehen sollten.

Dies sind große Fragen für ein Kind. Es sind dieselben Fragen, die auch mein Sohn mir stellte, als ich mit ihm auf dem Weg ins Krankenhaus war. Es sind Fragen, die unser Menschsein betreffen, unsere Fähigkeit, uns mittels der Sprache zu fragen: Warum? Wohin? Zu welchem Zweck?

Manchmal erscheinen Schulkinder so verletzlich. Sie alle scheinen Eltern und Lehrer so sehr zu brauchen. Dann wiederum sehen wir ihre Unabhängigkeit, ihren Forschungsdrang, ihre Lust am Sehen, Hören und Fragen, ihre Lust an Sport und Bewegung. In solchen Momenten kommen uns dieselben Kinder fast wie Erwachsene vor. Doch anders als diese haben Kinder noch die Lust, Grenzen zu übertreten, sie haben eine unerschöpfliche, sich emporschwingende Phantasie und eine Neugier, die unermüdlich gräbt und forscht. Und diese Neugier ist nicht nur auf der Suche nach einer größeren Wirklichkeit, sie ist auch nicht bloß Reaktion auf bestimmte psychische Vorgänge. Das Kind ist vielmehr auf der Suche nach einer Orientierung, einer Richtung. Die Bandbreite unseres Bewußtseins, unser Umgang mit Sprache, unser Zeitgefühl, all das zusammen bewirkt, daß wir das Streben unserer Kinder nach einer Bestimmung, nach Grenzen und Strukturen besorgt verfolgen. Was ist zu tun, wo, auf welche Weise, mit welchem Ziel – solche Fragen erfordern gleichermaßen Wissen wie Charakter. Wir Erwachsenen müssen eine allgemeine Richtung vorgeben, eine Perspektive, eine Lebensweise, die beide Seiten des jungen Menschen anspricht: die Fähigkeit, Wissen zu erwerben, ebenso wie die Fähigkeit zu ethischer Reflexion. Denn nur allzubald wird eine solche Unterscheidung nötig sein. Der Zauber jener Jahre wird einem anderen Zauber weichen: dem Sexualleben, das eine neue Fülle moralischer Fragen aufwirft.

Die Pubertät:
Auf der Suche nach dem Selbst

Es ist völlig normal, daß junge Menschen auf dem Weg zum Erwachsenenalter unsere Aufmerksamkeit stark beanspruchen. Verständlicherweise sind sie unsicher, daher neigen sie dazu, sich aufzuspielen. Zudem versetzen sie uns zurück in unsere eigene wichtige Zeit der Pubertät, eine Zeit, die gewissermaßen eine zweite Geburt ist, nur diesmal begleitet von einem starken Bewußtsein des eigenen Ich. Es gibt vielleicht keinen anderen Aspekt unseres Lebens, über den Schriftsteller, Sozialwissenschaftler und Journalisten mehr geschrieben haben: Die Jugendlichen mit ihren Gewohnheiten, Interessen, ihrer Sprache und Kleidung, ihrer Musik und Politik und nicht zuletzt ihrer aufkeimenden Sexualität fesseln uns in einer Weise, die mit unseren eigenen Erinnerungen ebenso zusammenhängt wie mit der alltäglichen Realität, wie sie sich Eltern und Lehrern stellt.

Es ist ein Gemeinplatz, daß unsere Sorge um die Jugendlichen von diesen selbst abgelehnt und als Einmischung empfunden wird. Die Jugendlichen auf ihrer Suche nach Unabhängigkeit reagieren trotzig auf unsere Bemühungen. Dieses Streben nach Unabhängigkeit fördern und hemmen Eltern, Lehrer und die Gesellschaft auf unterschiedliche Weise. Wir wissen, daß unsere Kinder uns verlassen und ihr eigenes Leben aufbauen müssen, doch wir möchten zugleich auch, daß sie in unserer Nähe bleiben. Schließlich erinnern sie uns an unser eigenes Leben, sie sind unsere Erben, die besten Zeugen unseres Lebens, und daraus erwächst die Stärke unserer Bindung zu ihnen. Dennoch verlangen sie sehnsüchtig danach, über sich selbst zu bestimmen, und wir, ihre Eltern und Lehrer, lernen unsererseits, entgegenkommend oder widerstrebend, uns ihnen anzupassen. Diese Sehnsucht nach einem eigenen Leben ist nicht nur emotionaler Natur; soziale, kulturelle und moralische Aspekte spielen eine gleichgewichtige Rolle. Daher rührt auch die Bedeutung, die die Jugendkultur besitzt.

Moralische Entfremdung

Die jeweilige Jugendkultur kann uns viel über Rebellion, Anmaßung, Einsamkeit und Melancholie sagen, über all die üblichen Phänomene der Pubertät. Sie hat aber auch ihre moralischen Konsequenzen, ihre moralischen Analogien. Wenn die Erlangung der Unabhängigkeit die bestimmende Aufgabe und das Ziel der Pubertät ist und wenn das Streben nach dieser Unabhängigkeit zu Trotz und Isolation führt, die wir Älteren uns häufig nicht erklären können, so ist dies auch mit moralischen Konsequenzen und Risiken verbunden: mit einer moralischen Entfremdung, die offen oder in verschiedenen Maskierungen zutage tritt.

In diesem Kapitel möchte ich daher den moralischen Aspekt der Pubertät untersuchen, die Art und Weise, in der Jugendliche darum ringen, sich moralisch von uns zu lösen, während sie gleichzeitig an den Werten festhalten, die wir ihnen mitgegeben haben. Die Folge eines solchen Ringens kann häufig eine moralische Lähmung sein, ein irritierendes Gefühl, moralisch dahinzutreiben.

Im Laufe der Jahre habe ich immer wieder Eltern von Jugendlichen beraten, habe ihre Sorgen und Ängste gehört, vor allem die Angst vor der Entfremdung, die Angst, daß die Kinder ihnen nicht mehr zuhören, und die Angst davor, die Kinder nicht mehr zu verstehen, trotz der vielen Jahre, die man gemeinsam unter einem Dach verbracht hat. Wenn ich höre, wie diese Eltern über ihre Kinder sprechen, habe ich manchmal den Eindruck, sie sprächen über irgendein exotisches Volk, dessen Leben uns völlig undurchsichtig erscheint.

«Meistens kommen wir ganz gut miteinander aus, aber nur, weil wir uns aus dem Weg gehen», erzählte die Mutter einer sechzehnjährigen Tochter und eines vierzehnjährigen Sohnes, und ihr Mann nickte ein bißchen zu nachdrücklich, so, als wolle er ausdrücken, daß er damit nicht glücklich sei. Ich sah ihn interessiert und freundlich an, aber die Erinnerungen an die jüngsten Auseinandersetzungen in der Familie machten es ihm unmöglich, entspannt zu antworten. Statt dessen bemühte er sich tapfer, die Fassung zu wahren, als er von Spannungen, Mißverständnissen, heftigem Streit und knallenden Türen erzählte. Aus seiner Stimme hörte man deutlich die Erregung. Sie hatte etwas Schrilles, Bebendes, eine Mischung aus Anspannung und Zorn, die uns den Konflikt geradezu physisch präsent machte.

Er schloß mit einer Feststellung, die zugleich eine Frage und ein Hilferuf war: «Es ist eine Phase, das weiß ich. Aber es ist doch nicht normal, daß Menschen, die zur selben Familie gehören, so unterschiedliche Vorstellungen haben!»

Seine Formulierung fiel mir sofort auf. Sein Aufschrei

unterschied sich von den üblichen Äußerungen, die die Betonung auf einen psychologischen Widerspruch legen, der, interpretiert man ihn nur richtig, einer neuen Annäherung weichen wird. Ich wollte mehr über diese unterschiedlichen Vorstellungen wissen. Der Vater, ein Ingenieur, entschuldigte sich hastig für seine Wortwahl – er glaubte wohl, ich halte sie für falsch – und schwenkte auf eine psychologische Richtung ein: «Verzeihung, ich habe mich nicht klar ausgedrückt. Es ist einfach so, daß meine Kinder ständig darauf bestehen, keine Kinder mehr zu sein, während meine Frau und ich sie immer noch als solche behandeln. ‹Wir sind erwachsen›, erklären sie uns ständig. Und gleich gibt es wieder den nächsten Streit: darüber, wann sie abends zu Hause sein müssen, was sie am Wochenende dürfen usw. Wir sind einfach nicht einer Meinung!»

Auseinandersetzung mit moralischen Autoritäten

Im Verlaufe meines Gesprächs mit einer Gruppe von Eltern kam ich auf den Begriff «Wertvorstellungen» zurück und sagte dem Vater, der den Begriff eingeführt hatte: Er habe wohl feste Überzeugungen, nach denen die beiden Jugendlichen um eine gewisse Zeit zu Hause zu sein, sich auf eine bestimmte Weise zu kleiden und gewisse Pflichten im Hause zu übernehmen hätten. Er stimmte zu, wollte aber offenbar lieber nicht über Moral diskutieren. Statt dessen zog er sich auf die Psychologie zurück und schilderte Auseinandersetzungen, die ständig wiederkehrten. Die beiden Jugendlichen seien «rebellisch», sagte er, und es falle ihm schwer, mit diesem ausgeprägten aggressiven Zug in ihnen zurechtzukommen. Er wandte sich dabei an die anderen im Raum, als seien sie Leidensgefährten oder als könnten sie ihm irgendwie helfen. Einer von ihnen, ein Vater von zwei Söhnen im Alter von achtzehn und siebzehn Jahren, pflichtete ihm bei: «Man muß auf jedes Wort aufpassen, das man sagt. Nur wenn man extrem vorsichtig ist, vermeidet man diese Konfrontation!»

Eine Mutter war damit ganz und gar nicht einverstanden: «Der Meinung bin ich nicht. Ich finde, man muß seine Vorstellungen deutlich aussprechen, dasselbe sollten auch die Kinder tun.» Sie wollte weitersprechen, wurde aber von einer anderen Mutter unterbrochen: «Es führt zu gar nichts, wenn man die Jugendlichen mit diesen offenen Gesprächen bedrängt – am Ende macht man damit alles nur noch schlimmer. Sie streiten gern – glauben Sie mir, ich weiß das! Genau das macht doch die Pubertät aus: zu streiten, mit moralischen Autoritäten zu streiten. Ich habe meinem Sohn gesagt, sein Problem sei, daß er ein leichtes und bequemes Leben hat, deshalb kann er es sich erlauben zu rebellieren. Mein Vater ist während der Wirtschaftskrise aufgewachsen und mußte immer arbeiten. Er hatte Gelegenheitsjobs wie Zeitungen austragen und brachte Geld nach Hause. Er hat nicht ständig mit seinen Eltern gestritten und sich beklagt, wie die Erwachsenen ihre Autorität mißbrauchten! Er war froh, daß er schuften konnte, und stolz, daß er seinen Eltern Geld geben konnte! Die hatten zu kämpfen, die Leute. Heute ist es für unsere Kinder so einfach geworden, daß sie gar nicht wissen, wie gut es ihnen geht!»

Als sie nach einer Pause weitersprach, schlug sie jedoch eine völlig andere Richtung ein: «Ich werde Ihnen hier nicht die Rede halten, die Sie von mir erwartet haben. Ich habe meinem Sohn vor langer Zeit das gesagt, was ich Ihnen gerade gesagt habe! Doch das ging zum einen Ohr rein und zum andern wieder raus! Er hat mir gesagt: ‹Mein Leben ist nicht das meines Großvaters, und es hat keinen Sinn, so zu tun, als sei es so.› Allmählich ist mir klargeworden, daß er recht hat. Schon *mein* Leben war und ist nicht so wie das meiner Eltern. Ich habe in Europa studiert – unvorstellbar für sie! Sie haben mir ein Auto gekauft – davon konnten sie in dem Alter nur träumen! Deshalb sollten Sie alle einmal nachdenken über die Unterschiede zwischen den Generationen und wie man damit umgeht. Sie sind durch Ihr Leben zu alldem gekommen, und Ihre Kinder sind damit aufgewachsen. Es geht auch ohne Streit. Sie müssen sich überlegen, wie Sie Ihre Ansichten rüberbringen. Es ist ein Problem der Kommunikation und der Psychologie.»

Alle schienen ihr zuzustimmen, sogar die Frau, deren Bemerkung sie so in Fahrt gebracht hatte. Ich spürte, daß man von mir erwartete, dem Argument des gesunden Menschenverstandes zuzustimmen. Im stillen dachte ich mir: Der Großvater, der als Jugendlicher so schwer gearbeitet hat, hat sicher nie an «Psychologie» oder «Kommunikation» gedacht, als er seine Kinder großzog, ebensowenig wie seine Eltern und Großeltern. Das haben seine Tochter und ihr Sohn gemeinsam: Sie beide kennen diese Worte sehr gut. Ich sagte deshalb, daß Überzeugungen, Erfahrungen und Wertvorstellungen hier eine Rolle spielten, nicht nur «Psychologie» und «Kommunikation».

Ich hätte noch viel mehr sagen können, aber ich hielt mich zurück, um zu sehen, ob vielleicht andere das Stichwort aufgreifen würden. Eine Mutter meldete sich zu Wort: «Ich glaube, meine Tochter und ich haben wirklich ein gutes Verhältnis, aber es gibt trotzdem Meinungsverschiedenheiten. Ich möchte zum Beispiel nicht, daß meine Tochter – sie ist sechzehn – mit einem Jungen schläft, auch wenn er sehr nett ist und sie schon lange befreundet sind. Einige meiner Freundinnen finden, wenn sie wirklich gute Freunde sind und er ein netter Junge ist, dann ist das in Ordnung, es ist natürlich, es ist unvermeidlich. Wenn ich dann anderer Meinung bin, schauen sie mich an, als sei ich diejenige, die Probleme hätte, als sei ich prüde! Ich sage ihnen, ich habe bestimmte Überzeugungen, Prinzipien, Werte von mir aus, und dazu gehört, daß eine Mutter die Pflicht hat, ihren Kindern mehr zu sein als eine bloße Zuhörerin. Nur immer verständnisvoll zu sein genügt nicht. Eine Mutter ist eine Autoritätsperson ebenso wie der Vater, und das werden sie immer sein und sollten sie verdammt noch mal auch sein. Ich setze mich mit meiner Tochter hin. Ich rede mit ihr. Ich schreie oder brülle nicht. Ich bin nicht gegen Psychologie oder Kommunikation. Aber ich sage ihr, woran ich glaube, und warum, und nehme kein Blatt vor den Mund. Ich rede Klartext mit ihr. Ich habe keine Angst vor dem Wort ‹richtig› und dem Wort ‹falsch›.»

Als sie eine Pause machte, fragte eine Frau neben ihr: «Was ist mit Sex? Und warum fordern Sie Abstinenz? Und was sagt Ihre Tochter dazu?»

Jetzt wurde es spannend. Die Mutter suchte nicht lange nach einer Antwort: «Sie ist nicht immer einer Meinung mit mir. Aber sie weiß, daß es mir ernst ist, und sie weiß, ich will, daß sie auf mich hört, daß sie gehorcht, auch wenn sie anderer Meinung ist. Ich weiß, daß klingt heutzutage für viele Leute, auch für manche von Ihnen, merkwürdig, aber ich finde, meine Tochter sollte in ihrem Alter keinen Sex haben, keinen Geschlechtsverkehr, ganz egal, mit wem. Ich finde, sie ist zu jung. Sie braucht Zeit, sich und andere kennenzulernen, und ich habe das Gefühl, es ist meine Aufgabe, mit ihr zu reden, zu versuchen, sie zu überzeugen, aber auch nein zu sagen, ein für allemal. Ich mache keinen Hehl aus meinen moralischen Überzeugungen. Wir gehören der Episkopalkirche an und haben deshalb einen bestimmten Glauben und gewisse moralische Grundsätze. Vielleicht wäre der eine oder andere Pfarrer mit meiner Ansicht über Abstinenz nicht einverstanden; andere würden aber sagen, daß es Gottes Wille sei, daß man damit wartet, bis man erwachsen ist.»

«Na gut», meinte ein Vater, «aber was ist, wenn Ihre Tochter absolut nicht einverstanden ist?» Auf diese Frage war die Mutter vorbereitet. Wenn man seine Ansichten nicht deutlich mache und auf ihnen bestehe, so führte sie aus, riskiere man wesentlich mehr als nur, daß die Jugendlichen nicht einverstanden sind und ihre eigenen Wege gehen. Viele Eltern ermutigten ihre Kinder indirekt sogar dazu, indem sie ihnen etwas verweigern, was sie dringend brauchen, nämlich Standhaftigkeit gegen das, was alle haben und alle tun und was sie und ihre Freunde für cool halten.

Nun steckten wir mitten in einer wichtigen Diskussion darüber, wie man Heranwachsenden, die nach Unabhängigkeit streben und ihre Ideen verwirklichen wollen, moralische Prinzipien so vermittelt, daß sie einem zuhören und folgen. Verschiedene Eltern erzählten von ihren Versuchen, bestimmte Regeln, Vorschriften oder Grundsätze durchzusetzen, die an der Weigerung, dem Trotz und dem Widerstand ihrer Kinder gescheitert waren. Ich wußte nicht, was ich sagen sollte. Keine noch so überzeugenden Worte können den Besonderheiten einer Familie und ihrer Geschichte gerecht werden und eine positive Entwicklung gewährleisten.

Bis zu dem Zeitpunkt, da ein Kind beginnt, ein Erwachsener zu werden, eine Persönlichkeit, die nicht nur vom sexuellen Begehren bewegt wird, sondern auch für zur Arbeit fähig gehalten wird sowie eigene Meinungen und Werte, Rechte und Pflichten hat – bis zu diesem Zeitpunkt ist zwischen dem Jugendlichen und seinen Eltern ja schon sehr viel geschehen. Und diese Vorgeschichte ist entscheidend dafür, ob und wie bereitwillig ein Jugendlicher den Ratschlag oder die Vorgaben eines anderen annehmen kann.

Einsamkeit, Verletzlichkeit

Mit diesem Vorbehalt nickte ich der Mutter zu, die von ihren Bemühungen gesprochen hatte, ihrer Tochter klare Grenzen zu setzen. Ich sprach über das, was Heranwachsende ebenso wie wir alle meiner Ansicht nach dringend brauchen: Werte und Maßstäbe. Ich sprach von der Einsamkeit, die viele junge Menschen empfinden, auch wenn sie zahlreiche Freunde haben und scheinbar mitten im Leben stehen. Es ist eine Einsamkeit, deren Grund eine verbreitete Fehleinschätzung ist: Ich werde von einer Fülle von Trieben, Sehnsüchten, Sorgen und Ängsten gelenkt, die ich mit niemandem teilen kann und teilen will, obwohl mir andere mit ihren Gedanken und Gefühlen durchaus wichtig sind.

Dieses Gefühl äußersten Andersseins, das Gefühl von Besonderheit, trotz der Verbundenheit mit den anderen Familienmitgliedern und der Nähe und Ähnlichkeit mit Freunden, sorgt für eine gewisse Depressivität bei Heranwachsenden, die zudem ständig herauszufinden versuchen, wie sie leben und was sie tun sollen.

Ich erinnerte mich an einen Fünfzehnjährigen, der gerne herumalberte, sich aber verschloß, den Kopf schüttelte und sich weigerte, etwas zu sagen, sobald die Rede auf sein eigenes Leben kam. Er ging nicht mehr zur Schule und rauchte sehr viel Haschisch. In seinem Zimmer hörte er stundenlang hinter verschlossener Tür Rockmusik. Mir war schnell eine Fülle psychiatrischer Begriffe für ihn eingefallen: zurückgezogen, deprimiert, möglicherweise psychotisch. Schließlich fragte ich ihn, wem sein Kopfschütteln gelte. Er antwortete: «Niemandem.» Ich zögerte, bevor ich fragte: «Nicht dir selbst?» Jetzt sah er mich zum erstenmal lange an. «Warum sagen Sie das?» Ich spürte, daß jetzt viel auf dem Spiel stand. Ich wußte, daß ich ihm nahegekommen war, wußte aber auch, daß er aus ebendiesem Grunde Angst bekommen und sich mir entziehen könnte. Also beschloß ich, die Frage nicht auf die übliche Weise zu beantworten, nämlich mit einer Schilderung davon, was meiner Ansicht nach in ihm vorging: seine Unsicherheit, seine Selbstbezichtigungen vor einem übermächtigen Gewissen und seine große Einsamkeit. Nicht, daß ich in psychologische Einzelheiten gegangen wäre. Ich hätte vielmehr vorsichtig gemutmaßt, vielleicht gesagt, daß er es sich meiner Ansicht nach zu schwermache – in der Hoffnung, daraufhin mehr über seine Probleme aus seinem eigenen Mund zu erfahren. Statt dessen hörte ich mich mit leichtem Unbehagen sagen: «Das habe ich auch mitgemacht. Ich erinnere mich daran, wie ich das Gefühl hatte, mit niemandem sprechen zu können. Ich wußte nicht, was ich mit mir anfangen sollte.»

Ich erinnere mich noch gut an meine Worte und das spontane Gefühl, daß ich sie nicht hätte sagen dürfen. Der junge Mann starrte mich an und sagte nichts. Als er ein Taschentuch herauszog und sich über die Augen wischte, bemerkte ich, daß sie sich mit Tränen gefüllt hatten. Obwohl ich fürchtete, zu persönlich zu werden, und obwohl ich lieber ihn hätte sprechen lassen sollen, fuhr ich fort. Ich erzählte ihm von meiner eigenen Jugend, wie ich mich zuweilen von anderen isoliert gefühlt hatte, sogar von meiner eigenen Familie: «Oft wollte ich auf die ganze Welt einschlagen, aber ich habe es nicht getan.» Er fragte: «Warum?» Ich antwortete: «Ich glaube, ich habe schon damals gewußt, daß das Problem nicht außerhalb von mir lag, sondern in mir.»

Ich hatte versucht, mich in jene Zeit zurückzuversetzen. Um jeden Preis wollte ich vermeiden, wie ein Besserwisser zu wirken, der schon damals genau wußte, daß er Psychiater werden wollte. Ich wollte nichts beschönigen, wollte aus meinem Herzen sprechen und diesem verschlossenen Jugendlichen ein Gefühl der Freundschaft vermitteln: So ist es mir ergangen, und so kann es vielen von uns in dieser Phase des Lebens gehen. Andererseits stellte ich mein Leben in «bearbeiteter» Fassung dar, kommentierte es aus der Distanz, die ich damals, fast vierzigjährig, hatte: Ich versuchte nachzuempfinden, wie ich mich damals gefühlt und warum ich dieses oder jenes getan hatte.

Während mir all das durch den Kopf ging, saß der Jugendliche mir still gegenüber, das Taschentuch wieder in der Tasche verstaut. Schließlich mußte ich ihm sagen, daß unsere Sitzung zu Ende sei und daß ich hoffte, wir würden uns eine Woche später wiedersehen. Als er aufstand, um zu gehen, sah er mich unverwandt und schweigend an. Allerdings machte mir eine Geste von ihm ein wenig Hoffnung: Er nickte, eine deutliche Abkehr von seinem vorherigen Kopfschütteln, wie ich fand.

Diese Sitzung erwies sich als unser gemeinsamer Tiefpunkt, von dem aus wir uns ganz allmählich, Schritt für Schritt, aus jener «Verzweiflung» hocharbeiteten, die er damals empfand. Ich schilderte meine Eindrücke auch seinen Eltern, allerdings ebenso stark verkürzt, wie ich es nun auch hier tue. Denn ich wollte und will nicht in die Einzelheiten der Therapie eines depressiven Jugendlichen gehen, sondern auf die große Herausforderung hinweisen, der sich ein in eine Krise geratener Jugendlicher gegenübersieht. Wie soll man ein solches Gemisch von Gefühlen, Spannungen, Zweifeln, Sehnsüchten und Begierden in Worte fassen? Vielleicht hätte ich auf einem konventionelleren therapeutischen Weg zu ihm durchdringen und erreichen können, daß unsere angespannt wortlosen, konfrontationsähnlichen Begegnungen ein gewisses verzweifeltes Vertrauen schaffen würden, das das Geben und Nehmen einer Kommunikation ermöglicht hätte. Doch etwas in mir muß an einem solchen Resultat gezweifelt haben, vielleicht auch am Wert eines solchen Resultats. Auch Ärzte haben ihre Prinzipien, etwa die Überzeugung, daß es sehr hilfreich sein kann, Klarheit in das Denken eines anderen zu bringen. Es war mehr mein Bauch als mein Kopf, der mir sagte, daß ich an die Einsamkeit dieses Jugendlichen nur herankommen würde, indem ich meine eigene frühere Einsamkeit heraufbeschwor.

Als wir dann schließlich ins Gespräch kamen, wurde mir bewußt, wie zornig und in sich gekehrt er war; vielen moralischen und gesellschaftlichen Werten begegnete er mit Verachtung; wegen seines Marihuanakonsums steuerte er sogar auf Konflikte mit dem Gesetz zu; und doch ging er strenger mit sich ins Gericht, als es selbst der strengste Staatsanwalt oder Richter getan hätte. Der Schlüssel für seine «erfolgrei-

che» Selbstbezichtigung lag in seiner Brillanz als sozialer Beobachter: Bei allen entdeckte er Fehler, Heucheleien und
Ausreden. Und als Meister in der Demaskierung anderer ließ
er es dabei nicht bewenden: Wenn niemand mehr übrig war,
den er noch entlarven konnte, nahm er sich selbst auseinander. Er warf sich dieselbe Verlogenheit vor, die er auch bei
allen anderen diagnostizierte. Näher konnte er ihrer Gesellschaft nicht kommen.

Anna Freud über
das Gewissen Heranwachsender

Das eben geschilderte Beispiel eines «tyrannischen Gewissens» ist kein Einzelfall. Ein junger Mann, der andere und
sich selbst entlarven konnte, war gleichwohl nicht imstande,
die Macht seines eigenen Gewissens zu begreifen. Schon
Anna Freud hatte dieses Phänomen in ihrer jahrelangen psychoanalytischen Arbeit mit Heranwachsenden immer wieder beobachtet.

«Für viele Erwachsene ist die Pubertät eine Zeit der Rebellion, wie wir alle wissen. Oft kommen Eltern wegen ihrer
Kinder zunächst allein zu mir, bevor sie mit ihrem Sohn oder
ihrer Tochter über die Möglichkeit einer ‹Behandlung› sprechen. Ich sage nicht, daß ich immer das gleiche zu hören bekomme. Nein, alle Eltern haben etwas Neues und anderes zu
erzählen, aber es gibt gewisse ‹Symptome›, die regelmäßig
auftreten. Immer wieder höre ich, daß ein Kind furchtbar
‹schwierig›, extrem ‹rebellisch› sei. Und wenn ich mich nach
Details erkundige, verstehe ich die Sorgen der Eltern immer
besser. Doch ich gebe zu – auch ihnen gegenüber –, daß ich

meist noch etwas anderes heraushöre: Ich erkenne das fordernde Gewissen des Heranwachsenden und seine Aggressivität als Reaktion darauf. Diese Erklärung überrascht viele Eltern, denen es stets vorkommt, als seien ihre Kinder einfach rebellisch, ohne moralische Maßstäbe und jeder Laune ausgeliefert. Nun können wir uns wirklich unterhalten, das ist der Anfang der Behandlung für den Heranwachsenden, davon bin ich fest überzeugt: daß die Eltern verstehen, warum es soviel Zähnezeigen, Fäusteschütteln und Fehdehandschuhwerfen gibt.

All die Neins, die ein Kind gelernt hat, stecken immer noch in ihm; all die Werte und Maßstäbe. Aber die Gesellschaft hat der Unabhängigkeit soviel Gewicht gegeben; und die Triebe, die Instinke, üben ebenfalls einen bedeutenden Einfluß aus. Viele dieser jungen Leute wissen ganz einfach nicht, was sie tun sollen! Viele von ihnen reden groß von Rebellion, erschrecken ihre Eltern und sich selbst, aber sie wagen dabei kaum etwas. Manche geraten tatsächlich in Schwierigkeiten, aber wenn man mit ihnen spricht, findet man selbst unter ihnen Jugendliche, die von ihrem Gewissen geplagt werden. Ich weiß, das alles klingt sehr kompliziert, und es ist auch sehr kompliziert. Aber ich bin fest überzeugt, daß es wichtig ist, Heranwachsende nicht pauschal als skrupellos und rebellisch zu betrachten und ihnen zu unterstellen, sie besäßen nicht das moralische Bewußtsein, zu dem die meisten von uns erzogen wurden. Oft muß ich persönlich werden, um den Eltern das klarzumachen. Ich erzähle ihnen dann von meiner eigenen Jugend, von der Zeit, in der ich mich sehr einsam fühlte und mit mir selbst harte Kämpfe ausfocht.»

Diese Worte von Anna Freud machten mir klar, daß ich

ebenso wie manche der Eltern, von denen sie gesprochen hatte, viel Aufhebens um die heutigen Jugendlichen gemacht hatte, ihre Kleidung, ihre Musik, ihre Einstellung zu Drogen und Sexualität. Als ich ihr das sagte, widersprach sie mir nicht, fand aber, daß ich ein bißchen übertrieb. Sie hatte versucht, hinter die ständig wechselnden kulturellen Codes zu gelangen und uns dem moralischen und emotionalen Kern der Pubertät ein bißchen näher zu bringen, wie sie es gelegentlich auch bei ihren Patienten tat, wenn sie sich in die Gespräche einbrachte, die sie mit ihnen führte.

Was ist also zu tun, nachdem man mit Hilfe des eigenen Lebens als einer Art Schnorchel unter die Oberfläche eines anderen getaucht ist? Diese Frage stellte ich Anna Freud, und sie antwortete: «Unsere Aufgabe ist es, den Kindern und Jugendlichen zuzuhören. Sie fürchten, das gelinge uns nicht, der mißtrauische, frustrierte und aggressive Jugendliche könne sich völlig verschließen oder sich weigern wiederzukommen. Natürlich passiert das immer wieder. Wir sind keine Wunderheiler, die nur den Mund aufmachen müssen, und schon sind alle Probleme gelöst. Aber ich habe gemerkt, daß die meisten Jugendlichen, die zu mir kommen, den ernsthaften Versuch, sie zu verstehen, jede Geste, die zeigt, daß ich selbst einen Teil des Elends durchgemacht habe, sehr wohl anerkennen.»

Sie holt kurz Atem, und fährt fort: «Ich stimme Ihnen zu, daß Jugendliche so empfindlich, mißtrauisch, ungehorsam und rebellisch sein können, wie Sie sagen, manche zumindest. Aber ich habe auch den Eindruck, wenn wir deutlich machen, daß wir weder die Polizei noch der Richter sind und auch nicht diejenigen, gegen die sie opponieren, sondern daß wir auf ihrer Seite stehen, dann wird es uns auch gelingen, ein Verhältnis der Nähe zwischen ihnen und uns aufzubauen.» Das Wort «Nähe» blieb mir im Kopf haften, ebenso wie ihr berechtigter Hinweis, daß die Mehrheit der Jugendlichen keine größeren Probleme habe – etwas, was man als Therapeut, der immer nur mit den schwierigsten Fällen konfrontiert ist, leicht vergißt.

Doch die Eltern, mit denen ich gerade zusammensaß, erwarteten mehr, erwarteten Regeln, Rat und Anleitung – ebenso wie vielleicht Sie, die Leser. Das spürte ich, als ein Vater sagte: «Sie sprechen viel von Anna Freud. Ich respektiere sie genauso wie Sie, aber ich frage mich, was sie als Mutter gemacht hätte. Dem hat sie sich ja nie stellen müssen. Meine Frau und ich, wir lesen ihre Bücher, eins nach dem anderen, und natürlich sagen sie einem etwas. Man ist danach ein bißchen schlauer, zumindest nachdenklicher. Aber dann kommen die Kinder nach Hause. Ich meine, vor ein paar Jahren, als meine Tochter Margie – sie war damals fünfzehn – gerade anfing sich ‹zu entwickeln›, wie meine Frau es nannte, dachten wir, wir müßten einmal mit ihr reden. Meine Frau hatte schon mit ihr gesprochen, von Mutter zu Tochter. Nun wollten wir ein größeres, allgemeineres Gespräch mit ihr führen, eigentlich nicht über Sex an sich, sondern darüber, was sich ändert, wenn man älter wird und immer mehr auf eigenen Füßen steht. Wie geht sie zum Beispiel mit den Jungen um, die anfangen, sie zu belagern, um welche Zeit kommt sie nach Hause, oder welche Pflichten übernimmt sie jetzt im Haus, diese Art von Gespräch. Ich erinnerte mich an das, was ich bei Anna Freud gelesen hatte, und sagte mir, jetzt sei es an der Zeit, ihre Ratschläge in der Praxis zu erproben. Ich sagte also zu Margie, wir wüßten, daß sie jetzt in der Pubertät viel durchzumachen hätte. Ich erzählte ihr sogar von dem Buch und meinte, sie solle es vielleicht auch einmal lesen. Meine Frau ist zwar skeptisch gegenüber Leuten, die viele Ratschläge geben, aber sie hat mich unterstützt.

Wieder sprach ich mit Margie und sagte ihr, daß wir immer für sie dasein werden. Wann immer sie irgendwelche Fragen hat oder mit uns reden möchte. Doch meine Tochter sah mich nur an, als sei ich derjenige, der ‹Hilfe› brauche. Als ich zu Ende gesprochen hatte, sagte sie: ‹Alles in Ordnung, Papa?› Ich wußte nicht, was ich erwidern sollte. Meine Frau versuchte, mir beizuspringen. Sie sagte, wir wüßten, daß sie allmählich erwachsen werde, und sie solle wissen, daß wir jederzeit bereit seien, mit ihr über alles zu sprechen.

Doch dann mußte ich noch eins draufsetzen: ‹Wir wollen in einen Dialog mit dir treten, Margie.› Sie lachte mich aus: Wo ich denn diesen ‹Dialogquatsch› herhätte. Als ich erwiderte, ich hätte ein bißchen was gelesen, meinte sie nur, es würde viel zu viel über Teenager geredet, wir sollten einfach so weitermachen wie bisher und nicht ständig ‹Gespräche› anfangen wollen. Dabei hatte ihr Blick etwas Zorniges. Um die peinliche Situation aufzulösen, sagte meine Frau, ihr Vater komme uns besuchen und sie müsse noch einkaufen, ob wir beide mitkommen wollten. Ich sagte, ja, natürlich; aber Margie sagte nein, sie könne nicht, sie habe noch eine Verabredung. Natürlich wollte ich wissen, mit wem. Aber da haben Sie's: Ich darf nicht mehr so aufdringlich sein wie früher, zumindest darf ich es nicht mehr offen zeigen. Sicher, man kann zu viel Wind darum machen, aber wenn man so tut, als bemerke man nicht, daß die eigene Tochter zu einer

Frau wird, muß man sich bewußt sein, daß andere das gewiß nicht übersehen: die Jungs.»

Er brach ab und überlegte dann in einem langen Monolog, ob Eltern sich nicht manchmal zu viele Sorgen machten und die Gefahren nicht überbewerteten, die auf ihre Kinder lauern, während doch die meisten eigentlich zurechtkämen. Seine Schilderung löste lebhafte Diskussionen und vorsichtige Fragen aus. Denn immer wieder haben Eltern mit dem gleichen Konflikt zu kämpfen, den dieser Vater angesprochen hatte: einerseits der Wunsch, sich mit der Pubertät anhand von Lektüre und Gesprächen im Familienkreis auseinanderzusetzen, und andererseits das Gefühl, daß ein solches Vorgehen durchaus schwierig, wenn nicht gar vergebens wäre und sogar neue Probleme mit sich bringen könnte.

Ich meldete mich nun zu Wort und sprach über die Pubertät als eine Zeit körperlicher und psychologischer Veränderungen, aber auch als eine Phase, in der sich unweigerlich das moralische Bewußtsein schärfe: Sexualität und eine aktivere gesellschaftliche Beteiligung stellen sich ein, und jeder Jugendliche geht auf seine eigene Weise mit diesen neuen Möglichkeiten um. Natürlich hatte uns dieser Vater im Grunde vor allen «Ratschlägen» gewarnt, und wir behielten seine Mahnung sehr wohl im Kopf. Ich jedenfalls ganz sicher, als ich mich behutsam um ein wenig Überzeugungsarbeit, Anleitung und Information bemühte. Ich wies darauf hin, daß in der Pubertät frühere Einstellungen, Schwächen, Stärken und Probleme auf neue Weise bedeutsam werden, wenn junge Menschen daran festhalten, was sie haben und wer sie ein Leben lang waren, auch wenn sie oft beängstigendes Neuland betreten. Kein Wunder, daß moralische Aspekte in dieser Zeit starke Bedeutung erlangen können, was sich oft indirekt in pointierten Fragen und in der Ablehnung des Konventionellen als Mittel ausdrückt. Dahinter steht der Wunsch, für sich etwas «Besseres» und «Realeres» zu finden.

Moralischer Rigorismus

In eine der folgenden Sitzungen brachte ich Tonbandaufzeichnungen von Interviews mit, die ich mit Jugendlichen geführt hatte. Manche wohnten in der Innenstadt, andere am Stadtrand; manche kamen aus wohlhabenden Familien und besuchten Privatschulen. Gemeinsam hörten wir uns an, was diese Jugendlichen über die Pubertät sagten: wie sie mit ihren Eltern und ihren Freunden umgingen, welches Verhältnis sie zu ihrer Sexualität hatten und wie sie nach dem Sinn des Lebens suchten. Tatsächlich brachten sie ihre Einsamkeit häufig mit der Intensität dieser Sinnsuche in Verbindung. Sie fühlten sich allein dabei, der Rest der Welt hatte andere Sorgen. Diese Jugendlichen hatten einen großen moralischen Ernst, auch wenn sie nicht genau wußten, was sie damit anfangen sollten.

«Meine Eltern nutzen jede Gelegenheit, um über Sex zu reden», meinte ein sechzehnjähriges Mädchen aus einer gutsituierten, gebildeten Familie. Ständig führten sie Gespräche über Verhütung und diskutierten, wie sie sich ausdrückte, über «ob, wann, mit wem und wie oft». Sie klagte, wie sehr sie dieses Themas mittlerweile überdrüssig sei: «Wißt ihr, manchmal glaube ich, meine Alten interessieren sich mehr für das alles als ich! Sie haben diese ganzen Bücher gelesen, mit Ärzten geredet, meine Mutter macht eine Therapie, und sie sind richtig scharf darauf, mit mir über ‹Entscheidungen› und ‹Psychologie› und ‹Stadien› zu sprechen, die ich durchmache, und darüber, inwiefern es als Frau anders ist und daß man das verstehen muß und wie die Männer sind. Das habe ich alles so oft gehört! Selbst unser Pfarrer redet ständig davon. Ich war in einem Gesprächskreis über Sexualität, den er in der Kirche veranstaltet hat. Man kann nicht mal Luft holen, ohne daß jemand dir sagt, du sollst über deine Gefühle reden. Meine Oma hat erzählt, als sie in meinem Alter war, hat sie sich bemüht, gut in der Schule zu sein, und weil ihr Vater krank war, hat sie sich um ihn Sorgen gemacht. Aber um sie hat sich offenbar niemand Sorgen gemacht. Niemand hat mit ihr gesprochen, und das war völlig in Ordnung. Ich wünschte, die Leute, die über die Jugendlichen nachdenken, würden es mehr über sich selbst tun. Meine Eltern zum Beispiel: Sie nehmen mich nur als Vorwand, um nicht über sich selbst nachdenken zu müssen. Manchmal glaube ich, mein Vater ist ganz schön arm dran, trotz Haus und Pool und Golfspielen und Segeln. Oft sieht er einfach nur fertig aus, aber niemand, auch nicht meine Mutter, ist in der Lage, ihn zu fragen, was los ist.»

Ich wollte wissen, was sie ihn denn fragen würde. «Ich würde ihn fragen: ‹Mensch, Papa, warum bist du so? Woran *glaubst* du eigentlich? Glaubst du überhaupt an etwas? An deinen Beruf, deine Hobbys, an uns, deine Familie? Ich würde ihn fragen, ob er sich, als er so alt war wie ich, gewünscht hat, so zu leben, wie er es heute tut. Ich würde ihn fragen, was ihm wirklich wichtig ist. Ab und zu geht er mit meiner Mutter in die Kirche; sie sagt, meistens schläft er fast ein! Ich erinnere mich noch, wie gelangweilt er war, als wir zum letzten Mal gemeinsam dort waren. Als ich nicht mehr hingehen wollte, hat meine Mutter sich aufgeregt, aber er hat nur mit den Achseln gezuckt. Ich glaube, er zuckt zu vielem nur die Achseln, zum ganzen Leben! Er hat es geschafft. Er verdient Unsummen, er ist ganz oben, spielt gut Golf, ist ein toller Segler; darauf ist er stolz! Daran glaubt er, das will er vom Leben: ein As im Golf sein, neue Steuerabschreibungsmöglichkeiten finden und daß meine Mutter endlich nicht mehr zum Therapeuten geht. Erst die Probleme meiner Mutter haben ihn überhaupt dazu gebracht, daß er sich für meinen Bruder und mich interessiert: ‹Ihr seid in der Pubertät! Gibt es etwas, worüber ihr sprechen möchtet? Die Sexualität, darüber müßt ihr euch klar sein, ihr könnt das nicht einfach ignorieren.› So redet er. Meine Mutter sagt, die Psychologie habe ihm ein bißchen die Augen geöffnet, aber nur ein bißchen! Aber sie ist ihm ähnlicher, als sie denkt. Sie ist sehr bewandert in Psychologie. Aber im Gegensatz zu ihm hat sie Training. Sie würde mir die Ohren abquatschen über Sex, wenn ich sie ließe.»

«Du läßt sie nicht?» – «Nein, es gibt für mich Wichtigeres. Welchen Sinn hat das Leben? Das ist wichtig. Das frage ich mich ständig. Wenn ich meine Mutter danach frage, bekommt sie diesen abwesenden Blick. Sie würde viel lieber mit mir über meinen Freund reden. Sie möchte, daß ich ihr im Garten helfe, daß ich chinesisch kochen lerne, daß ich besser Tennis spiele. Tennis mache ihr den Kopf frei, die Therapie bringe sie zum Nachdenken. Als ich sie fragte, worüber, meinte sie nur, das müsse ich nicht wissen, es habe mit Angelegenheiten zwischen ihr und meinem Vater zu tun. Schon wieder Sex und Beziehungen. Ich hoffe, ich werde mich in meinem Leben mit ein bißchen mehr als nur damit beschäftigen!»

Die Wurzeln jugendlichen Zynismus

«Ich bin mir sicher, die meisten Leute würden sagen, diese Familie hat doch alles», meinte ein Vater irritiert. «Worüber beklagt sich das Mädchen? Sie hackt auf ihrem Leben herum, aber ich wette, sie würde es vermissen, nähme man es ihr plötzlich weg! Da ist eine Leere, so sagte sie es doch. Überlaßt es nur unseren Kindern, all unsere Fehler und Schwächen zu entdecken! Wissen Sie, was? Ich glaube, Jugendliche sind meisterhafte Skeptiker und Zyniker, und sie haben sehr gute Augen. Sie sehen alles, und sie lassen es einen auch wissen. Gut! Aber nach einer Weile möchte man am liebsten sagen: Es reicht! Berauscht euch an unseren Fehlern, aber macht euch auch mal die Mühe, über euch selbst nachzudenken! Schaut euch mit diesen Röntgenaugen mal selbst an, euch und eure Freunde, die nie etwas falsch machen, während ich nur einmal zu husten brauche, um für euch schon ein kranker Mann zu sein. Und damit meint ihr keine Erkältung.»

Diese Äußerungen dienten ganz offensichtlich dem Selbstschutz, so, als habe dieser Vater Angst, jeden Augenblick verhaftet und vor Gericht gestellt zu werden. Es bedurfte der barschen Intervention einer Mutter, der minutenlangen Selbstverteidigung ein Ende zu setzen: «Ich glaube, wir reagieren alle überzogen! Wir machen unsere eigenen Kinder zu unseren schlimmsten Kritikern, fast zu unseren Feinden! Gönnen wir ihnen und uns selbst doch mal Ruhe. Junge Leute sind auf der Suche nach etwas, woran sie glauben können. Wenn sie sarkastisch sind und überall nur das Schlechte sehen, dann hat das etwas zu bedeuten. Sie haben ein funktionierendes Gewissen, sonst hätten sie nicht das geringste

Interesse, Fehler zu suchen! Sie sind kritisch und distanziert, weil ihnen sehr viel auffällt. Anders als wir wollen sie nicht einfach weghören, wenn geheuchelt wird. Manchmal bin ich es leid, wenn mein Sohn gar nicht mehr ablassen will von etwas. Er kann so verächtlich manchen Menschen gegenüber sein. Er nennt sie arrogant und sieht gar nicht, wie arrogant er selbst ist, wenn er diese Leute so geringschätzt. Aber ich verkneife es mir, ihn anzuschreien und sage mir: Er ist sechzehn und versucht etwas zu finden, woran er glauben kann. Er geht viel ins Kino, zuviel, meiner Meinung nach. Aber er denkt über die Filme nach und erzählt uns davon, und dann merke ich, der Junge ist ein Mann. Mein Sohn schaut sich die Welt an und versucht, all das, was er sieht, einzuordnen, er sucht nach einer Orientierung, nach einem Weg für sich. Das bedeutet es doch wohl, ein Jugendlicher zu sein. Man ist noch kein Erwachsener, man ist noch nicht an jemanden gebunden, man hat noch keinen Beruf gewählt, aber man ist dabei, es zu tun, deshalb muß man ein bißchen kritisch und abfällig sein; darum geht es doch, wenn man sich entscheidet. Natürlich stehen nicht allen Leuten die Möglichkeiten offen, die unsere Kinder haben, aber es gibt viele, die so viele Möglichkeiten haben, daß das an sich schon zum Problem werden kann. Wie ein großes Büffet, vor dem man steht und nicht entscheiden kann, was man nehmen soll.»

Pubertät als zweite Geburt

Was die Frau über die Eigenheit Jugendlicher, in allem nur das Schlechte zu sehen, gesagt hatte, fanden alle sehr interessant. Die heutige westliche Jugend erschien uns nun in einem neuen Licht. Während sie gesprochen hatte, war mir Anna Freuds Buch «Das Ich und die Abwehrmechanismen» eingefallen. Darin beschäftigt sie sich auf eine spannende und sehr persönliche Weise mit der Pubertät und unterstreicht die Eigenschaft Jugendlicher, scharfe Kritik an sich selbst und anderen zu üben.

Als ich mich 1970 mit ihr in Yale unterhielt, sagte sie über die Pubertät: «Leider haben sich viele Menschen, unter ihnen auch viele Psychoanalytiker, der verbreiteten Ansicht angeschlossen, daß wir sind, wer wir waren; daß die frühe Kindheit, die ersten vier oder fünf Jahre, unser psychisches Schicksal besiegelte. Mein Vater hat die Bedeutung dieser frühen Jahre hervorgehoben, aber man muß berücksichtigen, warum. Man muß die Vermutungen derer verstehen, die Ende des neunzehnten, Anfang des zwanzigsten Jahrhunderts gelebt haben. Damals hielt man kleine Kinder für unschuldig, obwohl ich mich erinnere, daß mein Vater einmal sagte, viele Eltern wüßten es besser, weil ihre Kinder sie tagtäglich eines Besseren belehrten. Er war einfach der Ansicht, daß schon Kinder im Säuglingsalter Begierden, Wünsche, Vorlieben und Abneigungen haben. Er wußte, was Mütter und Väter wußten, die ihre Augen und Ohren offenhielten und es wagten, selber zu denken und aus ihren Beobachtungen Schlüsse zu ziehen: Kinder haben starke Gefühle, haben Triebe. In der Regel gelingt es ihnen, eine gewisse Kontrolle über sie zu erlangen. Das ist der Anfang der Zivilisation.

All das ist heute Allgemeingut, aber aus der Erkenntnis, daß die ersten Jahre eines Kindes von großer Bedeutung sind, ist etwas ganz anderes geworden: Die meisten denken heute, alles Wichtige passiere in dieser Zeit, und der Rest des Lebens sei eine bloße Überarbeitung dieser ersten Jahre.

Das stimmt aber nicht! Wir lernen ständig, während wir heranwachsen, zumindest besteht für uns die Möglichkeit dazu. Besonders in der Pubertät gibt es ein neues, großes psychisches Drama: die Defensivhaltung des Über-Ich, des Gewissens, und des Ich als Reaktion auf den neuen Triebdruck. Das gibt jedem Jugendlichen eine zweite Chance, könnte man sagen. Ein Kind im Schulalter hat sich mit dem Familienleben arrangiert und einigermaßen gelernt, sich gewissen Anforderungen, Regeln und Gebräuchen zu fügen. In der Pubertät macht der Mensch einen ähnlichen Anpassungsprozeß durch, aber nun hat er es nicht nur mit der Familie zu tun, sondern auch mit der Außenwelt. Junge Menschen stecken in einem Konflikt: Auf der einen Seite ist ihr Körper, auf der anderen die Gesellschaft, und sie versuchen, mit beiden zurechtzukommen.»

Wie schon in früheren Gesprächen sprach sie ausführlich über die Einsamkeit, die viele Jugendliche empfinden. Dieser Rückzug sei eine Konsequenz aus den Schwierigkeiten, die Jugendliche damit hätten, zu begreifen, was mit ihnen geschehe. Sie erzählte von ihren Patienten und wie schwer es sei, den Kontakt mit ihnen aufzubauen. Sie wies darauf hin, wie wichtig es für Jugendliche sein könne, zumindest zu einem Erwachsenen eine offene, vertrauensvolle Beziehung zu haben, auch wenn viele junge Menschen jegliches Interesse an einer solchen Beziehung leugneten.

Schließlich erzählte sie mir noch von einem sechzehnjährigen Mädchen, das einmal wöchentlich zu ihr kam, nur um die gesamte Erwachsenenwelt als verlogen und korrupt anzuprangern. Nach solchen Anklagen, die etwa eine halbe Stunde lang anhielten, versuchte sie fast fieberhaft, Antwort auf verschiedene Fragen zu bekommen, die ihr offenbar auf der Seele brannten, während sie immer wieder erklärte, diese Fragen hätten andere ihr gestellt, sie wisse die Antworten schon, wolle sie aber mit dem vergleichen, was Anna Freud dazu zu sagen habe. Die Moral der Geschichte: Viele Jugendliche möchten sich sehr gern auf mindestens einen älteren Menschen verlassen, auch wenn sie alle ablehnen, die ein gewisses Alter überschritten haben. «Immer wenn ich höre, daß Jugendliche besonders zornig auf Ältere sind, weiß ich, daß sie genau den brauchen, gegen den sie am meisten wettern», erklärte sie.

Pauls zweite Chance

Anna Freud bestand nachdrücklich darauf, daß Jugendliche ein großes Bedürfnis nach Privatheit und Unabhängigkeit haben, doch dies dürfe nicht auf Kosten ihrer Beziehungen zu Verwandten, Nachbarn, Lehrern und anderen Erwachsenen gehen. Genau um dieses Problem ging es bei einem Fall, den ich gemeinsam mit Anna Freud erlebt hatte. Es war der des sechzehnjährigen Paul, der sich radikal gegen seine wohlhabenden und gebildeten Eltern, beide übrigens Ärzte, gewandt hatte und ihnen mangelndes Verständnis und Schlimmeres vorwarf. Er nahm Hasch, trank viel und plante, gemeinsam mit seiner Freundin für ein oder zwei Jahre die Schule zu verlassen, um «das Land zu sehen». Niemand, sprich: kein Erwachsener, konnte diesen Jugendlichen zu einem offenen Gespräch bewegen, zumindest schien es so.

Schließlich erfuhr Pauls Mutter, daß es doch einen Erwachsenen gab, mit dem ihr Sohn sprach: eine Frau mittleren Alters, die Leiterin der Stadtbibliothek. Sie kannte Paul seit Jahren. Schon als Kind war er regelmäßig gekommen, um Bücher auszuleihen. Als er begonnen hatte, sich in der Erwachsenenabteilung umzusehen, hatte er die Bibliothekarin kennengelernt. Wenn sie sich unterhielten, dann zumeist über das Thema der Bücher, die Paul auslieh. Es waren Selbsthilfebücher für Menschen mit Suchtproblemen. Die Bibliothekarin versuchte, den Jugendlichen zu überreden, weitere Erwachsene ins Vertrauen zu ziehen und mit seinen Eltern zu sprechen. Das lehnte er zwar ab, unterhielt sich aber beiläufig und dennoch ernsthaft mit einer Tante, die er sehr mochte und der er vertraute. Durch sie kam er zu uns in eine Klinik, die sich mit Jugendlichen wie ihm beschäftigte – Jugendliche, die mit persönlichen Schwierigkeiten zu kämpfen hatten, vor allem mit einer starken Entfremdung von ihrer Familie.

Eine psychologische Interpretation seiner Probleme lehnte Paul immer wieder ab. Er bestand darauf, daß es um moralische und rechtliche Fragen gehe. Sollte man Marihuana legalisieren oder nicht, fragte er sich zum Beispiel. Für uns, den Sozialarbeiter und mich, war es wichtig, diesen Standpunkt zu respektieren und mit dem jungen Mann auf die ihm eigene Weise zu sprechen, das heißt die Manierismen des Arztes soweit wie möglich zu meiden, jene eigentümliche Arroganz, die manche von uns gegenüber Menschen haben, die unsere Sprache, unsere Ausdrucksweise und unsere Sichtweise scheuen. Als uns dies halbwegs gelang, stellten wir überrascht fest, wie willig, ja fast begierig dieser scheinbar störrische Jugendliche über seine Hoffnungen, Ängste und Konflikte zu Hause und in der Schule sprach.

Pauls leidenschaftliches Eintreten für die Legalisierung von Marihuana war mit einem nicht weniger leidenschaftlichen Eintreten für persönliche Befreiung verknüpft, womit er die Unabhängigkeit von seinen Eltern meinte. Je länger wir uns unterhielten, desto mehr rückte er mit Fragen der Moral heraus, die ihn beschäftigten: Wie er sich, was die Sexualität betraf, gegenüber seiner Freundin verhalten solle, welche Verpflichtungen er auf längere Sicht ihr gegenüber habe, ganz zu schweigen von seiner Verantwortung für sich und seine Zukunft. Es stellte sich also heraus, daß dieser sehr rebellische Jugendliche, der auf dem besten Weg in eine Drogenkarriere war und mehr als nur mit dem Gedanken spielte, zusammen mit seiner Freundin «abzuhauen», daß dieser Jugendliche also umgetrieben war von einer Vielzahl von Bedenken, Skrupeln und Zweifeln.

Keine Frage, hier ging es auch um Psychologie, doch wir durften nicht vergessen, wie sensibel dieser Jugendliche war, wie schnell er urteilte und wie rasch er sich selbst und andere verdammte. In dem Maße, wie wir Paul allmählich besser verstanden und ihn bei seinen moralischen Überlegungen immer mehr unterstützten, gewannen wir auch psychologisch etwas Boden. Er sprach nicht mehr nur darüber, was er selbst oder die Gesellschaft tun sollte, sondern auch darüber, was er gern oder ungern tat. Dabei wurden wir auf eine merkwürdige Ironie aufmerksam: Vor einigen Generationen hatten Jugendliche mit den ernsten moralischen Zwängen zu kämpfen, die Eltern und Umwelt ihnen auferlegten. Heutzutage haben viele Jugendliche Eltern, die mehr an psychologischen als an moralischen Fragen interessiert sind. Die säkulare Gesellschaft ist, was die Moral anbelangt, sehr relativistisch, während sie gleichzeitig mit Leichtigkeit, wenn nicht gar Leidenschaft auf die Psychologie zurückgreift. Folglich wirkten die Gedanken dieses Schülers auf eine provozierende Art anachronistisch. Das eigentliche Problem lag vielleicht eher bei uns Erwachsenen, von denen Paul Interesse an seinen ethischen Überlegungen einforderte.

Anna Freud sagte mir gegenüber einmal, er suche «eine Übereinkunft zwischen uns und seinem Über-Ich». Jugendliche sind in dieser Hinsicht äußerst sensibel. Sie suchen nach Prinzipien, an denen sie ihr Verhalten ausrichten können. Erwachsene, seien es Eltern, Lehrer oder Verwandte, können dabei ihre Partner sein, wenn sie bereit sind, nicht von oben herab mit ihnen zu sprechen.

Rückblickend erkannte ich, daß ich im Umgang mit Paul zu sehr den Experten hatte heraushängen lassen. Er wollte Partnerschaftlichkeit. Er wollte, daß ich mich auf seine Stufe stellte und mich weniger überlegen und arrogant gab. Junge Menschen wollen wie Erwachsene behandelt werden, und sie wollen, daß auch die Erwachsenen ihren Teil zu einem offenen und ehrlichen Verhältnis beitragen.

Einmal sagte ich zu Paul, ich könne nicht wirklich rational gegen die Legalisierung von Marihuana argumentieren, sondern eher auf der Basis eines inneren Gefühls: der Angst eines Vaters davor, daß Drogen zum akzeptierten Bestandteil unserer Gesellschaft würden. Ich fürchtete schon, einen Fehler gemacht zu haben, doch er entspannte sich sichtlich und hörte auf, mich zu bekämpfen. Er lächelte und sagte, er könne das verstehen. Ich bedankte mich dafür, daß er sich für einen Moment in meine Position versetzt habe, und fragte, ob er etwas dagegen habe, wenn ich das umgekehrt ebenfalls versuchte. Er schüttelte lächelnd den Kopf, aber ermahnte mich: «Versetzen Sie sich in meine Position, aber holen Sie mich nicht aus ihr heraus!» – «Keine Sorge!», entgegnete ich. Aber er hatte eine Versuchung angesprochen, der ich tatsächlich manchmal erlag.

Das Bedürfnis vieler Jugendlicher, sich die Ohren zuzuhalten, sobald ein Erwachsener sich kritisch mit ihnen auseinandersetzt, unterschätze ich keineswegs. Eine Zeitlang fand ich Anna Freud tatsächlich ein bißchen naiv. Ich sah sie so, wie viele Jugendliche vielleicht ihre Eltern sehen: Ungeachtet ihrer psychoanalytischen Ausbildung, die natürlich den Akzent auf Verständnis statt auf Verurteilung legt, war sie eine altmodische Moralistin. Sie konnte nicht anders. Sie erläuterte den jungen Patienten ihren Standpunkt zu allen möglichen Fragen und rechtfertigte – und rationalisierte – dies dann als therapeutisch angezeigt. Erst allmählich begriff ich, daß Anna Freud recht hatte, als sie meinte, die Jugendlichen suchten Hilfe bei der Beantwortung ihrer sehr konkreten moralischen und psychologischen Fragen: Sollen sie auf Alkohol und Drogen verzichten? Wie weit können sie mit ihrem Freund oder ihrer Freundin gehen? Wie sollen sie mit homoerotischen Neigungen umgehen? Wie sollen sie sich gegenüber Konkurrenzdenken, Neid und Rivalität in der Schule verhalten?

Solche Probleme psychologisch zu interpretieren kann sehr wertvoll und hilfreich sein, aber der Jugendliche ist oft noch von einem Gewissen geplagt, das auf praktische Entscheidung drängt: Was soll er tun und aus welchen Gründen? Zudem werden in einer konsumorientierten Gesellschaft viele Bedürfnisse Jugendlicher erst erzeugt. Sie übernehmen Werte aus der Popmusik, dem Film, dem Fernsehen usw. und passen sich dem an, was dort gezeigt wird.

Alices erster Schritt

Immer wieder muß ich an die therapeutische Arbeit mit Alice denken, einem siebzehnjährigen Mädchen aus einer gutsituierten Familie, die am Stadtrand wohnte. Sie fühlte sich allen möglichen Zwängen durch die sogenannte Jugendkultur ausgesetzt und sagte trotz ihres Interesses daran, sie sehe komisch aus, wenn sie sich dem Modediktat beuge. Am entspanntesten war sie beim wöchentlichen Hockeyspielen. Denn dann war eine bestimmte Kleidung und ein bestimmtes Verhalten vorgeschrieben – eine große Erleichterung für einen jungen Menschen, der versucht, «in» zu sein. Anna Freud meinte hierzu: «Junge Menschen geben ihren Wunsch nach moralischen Bindungen nicht wirklich auf, sie haben einfach andere als die traditionellen Bindungen. Sie folgen und gehorchen häufig dem, was ihre Eltern oder Lehrer Modetorheiten nennen. Sie haben noch immer das Bedürfnis, richtig zu handeln, doch derjenige, der den Ton angibt, ist statt der Eltern vielleicht ein Popstar.»

Alices Mutter fiel es schwer, ein halbwegs freundschaftliches Verhältnis zu ihrer Tochter aufrechtzuerhalten, die sie aggressiv und verstockt nannte. Ich wußte um die gesamte Psychodynamik, die mich erwarten würde, wenn ich mit dieser jungen Dame ihre Interessen, Ängste und Schwierigkeiten erkunden sollte – falls sie überhaupt bereit war, sich regelmäßig mit mir zusammenzusetzen. Ein paar Wochen lang ging es hin und her. Wir standen kurz davor, regelmäßige Treffen zu vereinbaren, doch immer wieder hatte sie Vorbehalte. Schließlich kam mir eine Idee, die aus einem Gefühl der Frustration und des Versagens meinerseits geboren wurde. Ich wollte mich mit ihrer Mutter treffen.

Die Mutter erzählte mir dann von ihren großen Sorgen, während sie nervös mit ihren Händen spielte und auf ihrem Stuhl herumrutschte. Ich suchte nach irgend etwas, einem kleinen Katalog von Ge- und Verboten vielleicht, die sie momentan beruhigen und die vielleicht ein bißchen helfen könnten. Doch eigentlich wußte ich, daß Regeln und Ratschläge, so klug sie mir und ihr auch erscheinen mochten, nur Kosmetik waren. Der Kern des Problems lag in einer Entfremdung von Mutter und Tochter: Was konnte man dagegen tun, wie konnte man dazu beitragen, daß sie und ihre Tochter zu der geistigen und gefühlsmäßigen Nähe gelangten, die beiden so fehlte? Ich machte einen Vorschlag: Vielleicht sollte sie sich ein paar der Hockeyspiele ansehen, wie es einige andere Eltern auch taten. Die Mutter meinte, sie habe keine Zeit, und erzählte, was sie in den nächsten Tagen so alles zu erledigen habe.

Schließlich schaffte sie es doch irgendwie. Eine wundersame Annäherung trat nicht ein. Doch Alice nahm die Anwesenheit ihrer Mutter zur Kenntnis, warf ihr gelegentlich einen anerkennenden Blick zu, nach einiger Zeit sogar ein Lächeln. Wichtig war auch, daß Wut und Panik von der Mutter abfielen, als sie sah, daß ihre Tochter sich normal kleidete, die Spielregeln einhielt und sich benahm wie alle anderen, wenn auch nur vorübergehend. Außerdem erlebte die Mutter mit eigenen Augen, wie sich ihre Tochter Ziele setzte und versuchte, sie zu erreichen. Sie erlebte, wie sie gemeinsam mit ihren Mannschaftskameradinnen kämpfte, wie sie Motivation und Energie mobilisieren konnte. Sie hatte ein besseres Gefühl ihrer Tochter gegenüber, die Heftigkeit der Konfrontation zwischen den beiden nahm immer mehr ab. «Ich glaube, Alice hat einen ersten Schritt zu uns zurück getan», meinte die Mutter, obwohl ich fand, daß sie sich selbst nicht gebührend anrechnete, daß *sie* den ersten Schritt getan hatte.

Nicht alle Probleme waren gelöst. Noch immer hegte die Tochter eine starke Abneigung gegen die «Dominanz» ihrer Mutter und die «Doppelmoral» ihres Vaters, der von Anstand redete, aber nach Erzählungen ihrer Mutter zwei Affären hatte. Doch auf dem Hockeyfeld fanden sie für eine Weile zueinander. Die Mutter hoffte mit der Tochter auf den Sieg ihrer Mannschaft. So entstand eine Art Partnerschaft, wie begrenzt und vorübergehend sie auch sein mochte, die beiden sehr viel bedeutete und das Mißtrauen und den Argwohn allmählich verschwinden ließ.

Kinder brauchen Werte: Eine Ermutigung für Eltern und Lehrer

Sinnwelten

Ich hoffe, mittlerweile ist deutlich geworden, daß unsere Kinder und unsere Schüler, gleich welchen Alters, auf der Suche nach einer moralischen Orientierung sind: Schon Babys müssen ihre Grenzen, müssen die Bedeutung von «Ja» und «Nein» kennenlernen; Grundschulkinder müssen lernen, andere so zu behandeln, wie sie selbst behandelt werden wollen; Jugendliche müssen ein Verhältnis zu den neuen Fähigkeiten und Sehnsüchten ihres Körpers und zu den unterschiedlichen Einstellungen und Bedürfnissen finden, die ihnen von Freunden wie auch von den Medien angetragen werden. Wie können wir als Eltern und Lehrer die Aufgabe erfüllen, unsere Prinzipien, Überzeugungen und Werte an die nächste Generation weiterzugeben?

Zweifellos nehmen viele sich nicht die Zeit, über diese Herausforderung wirklich nachzudenken, bevor Probleme auftauchen. Dann kommen die Fragen: Was soll man sagen? Wie soll man sich verhalten? Wir vergessen, daß wir unseren Kindern schon ihr ganzes Leben hindurch moralische Standpunkte mitgegeben haben. Oft geschieht dies instinktiv, also ohne sonderliches Nachdenken: Immer wenn wir beim täglichen Umgang mit unseren Kindern «ja» oder «nein» sagen, wenn wir lächeln oder die Stirn runzeln, wenn wir unsere Meinung äußern oder eine bestimmte Handlungsweise vorschlagen. Wir besitzen ein natürliches ethisches Gespür, auf das wir uns ständig stützen. Und wir wissen tief in unserem Inneren, wie begierig die meisten Kinder moralische Anleitung bei ihren Eltern und Lehrern suchen.

Jahrelang habe ich Grundschulkindern die Tolstoj-Erzählung vorgelesen, die ich zu Anfang dieses Buches zitiert habe. Dabei habe ich aus erster Hand erfahren, welche Reaktionen eine solche Fabel bei einem jungen Leser hervorrufen kann.

Manche dieser Leser möchten, daß wir uns alle die Moral der Geschichte zu Herzen nehmen, indem wir sie in der Praxis leben. «Uns könnte man auch sagen, wir sollten in einer Ecke aus einer Spülschüssel essen, dann würden wir ganz bestimmt daran denken, wie das ist», meinte ein zehnjähriges Mädchen.

In einer anderen Klasse führte ein neunjähriger Junge folgenden Gedanken aus: «Die Hälfte von uns müßte am Tisch essen, mit Tischdecke und schönem Geschirr, die andere Hälfte müßte mit der Spülschüssel auf dem Boden sitzen. Dann könnten wir tauschen. So würde jeder den Unterschied spüren.»

Ein Mädchen aus derselben Klasse entwarf seine Version eines moralischen Theaters: «Wir könnten würfeln. Wer Pech hat, muß aus der Spülschüssel essen. Das wird man nicht so schnell vergessen.» Dann fügte sie noch hinzu: «Wir sollten demjenigen mit der Spülschüssel helfen. Wenn ich auf dem Boden säße und die anderen am Tisch, mit besserem Essen und schönem Geschirr, und dann käme jemand und gäbe mir einen Teller mit dem guten Essen und würde mich an den Tisch bitten, dann wäre ich ihm sicher dankbar. Wenn ich dann jemanden sähe, der am Boden sitzt, würde ich ihn sicher auch einladen, sich an den Tisch zu setzen.

Wer das Elend einmal kennengelernt hat, hilft denen, die noch dort sind, glaube ich.»

Eine andere Neunjährige war skeptischer: «Woher wollt ihr wissen, ob sich jemand ein Jahr später noch an die Spülschüssel erinnern würde», überlegte sie laut. Natürlich wußten wir das nicht. «Was ist, wenn jemand da auf dem Boden wirklich sauer wird und sich sagt: ‹Jetzt bin ich hier und esse aus der Spülschüssel. Aber wenn ich Glück habe und hier wegkomme oder mich hier rausarbeite, dann zahle ich es den Leuten heim, weil sie mir das angetan haben. Ich lasse sie aus der Spülschüssel essen, oder ich versuche einfach, alles zu vergessen!› Ich sage: ‹Erinnert mich bloß nicht an meinen Ärger, das ist vorbei!› Könnte es nicht auch so sein?»

Die verschiedenen Äußerungen sind Beispiel und Mahnung zugleich. Sie zeigen, wie unterschiedlich unsere möglichen Reaktionen auf moralische Fragestellungen sind, wie sie in der Tolstoj-Erzählung – sicher überspitzt – aufgeworfen werden. Denn wie wir auf das, was wir hören, sehen und erleben, jeweils reagieren, muß in Freiheit geschehen, ist also weder vorherbestimmbar noch vorhersagbar. Wir als Erwachsene müssen es daher vermeiden, eine moralische Diskussion von vornherein in die uns genehme Richtung zu lenken. Wir sollten vielmehr lernen, die moralische Lebendigkeit von Kindern zu akzeptieren, ihre Bereitschaft, ihre Fähigkeit, in ebenjene Fragen einzutauchen, wie sie beispielsweise Tolstoj erkundet hat.

In welchem Maße Kinder zu ethischen Überlegungen und spiritueller Einsicht in der Lage sind, hat mir einmal ein zehnjähriger Junge vorgeführt, der an Leukämie litt. Da ich nicht nur Psychiater, sondern auch Kinderarzt bin, bat man mich, die psychische Verfassung des jungen Patienten zu untersuchen, weil ich aufgrund meiner medizinischen Erfahrung mit solchen Kindern recht gute Kenntnisse darüber habe, was in ihren Körpern vorgeht und wie sich dies auf die Psyche auswirken kann. Der Anlaß dafür, daß man mich hinzugezogen hatte, war die Tatsache, daß dieser Junge – er hieß David – die Ärzte und Schwestern gefragt hatte, ob sie je für ihre Patienten beteten, eine Frage, die sie ebenso überraschte wie auch besorgte.

Mein Urteil über diesen Jungen verriet vielleicht mehr über mich selbst und meine Ansichten als über ihn. In meinem Bericht schrieb ich, er sei ein intelligentes, sensibles Kind, das von Ängsten und Sorgen geplagt werde. Obwohl er es zu verdrängen versuche, sei er sich bewußt, daß er bald sterben müsse. Verzweifelt bete er zu Gott, daß er doch irgendwie überleben möge, so glaubte ich jedenfalls, obwohl er kaum darüber sprach. Doch viel verzweifelter noch waren seine Gebete für die Ärzte. Er erzählte mir, die Ärzte täten ihm leid: Sie führten einen harten Kampf, den sie verlieren könnten, und «niemand verliert gerne», wie er sagte. Im stillen dachte ich mir: *Er* wird der Verlierer sein; in Wirklichkeit macht er sich Sorgen um sich, nicht um die Ärzte. Sollte ich ihm nicht helfen, klar zu erkennen, was ihn so beschäftigt? Ist das nicht meine Aufgabe?

Eines Morgens saß ich in seinem Zimmer. Ich hatte mir vorgenommen, David seinen medizinischen Zustand und seine Aussichten klarzumachen. Ich fragte ihn, wie es gehe und wie er sich fühle. Der Junge wirkte schwach und erschöpft, doch seine Augen leuchteten, und er rang sich ein mattes, aber entschlossenes Lächeln ab. Er sagte mir, es gehe ihm ganz gut, aber er mache sich Sorgen um die Ärzte und Schwestern: «Sie arbeiten so hart und machen einen mutlosen Eindruck. Ich bete für sie.» Diese Sorgen verrieten in meinen Augen, wie gesagt, nur die uneingestandene Angst des Jungen, daß er seinen Kampf ums Überleben nicht gewinnen würde. Ich beschloß, dieser Vermutung zunächst nicht weiter nachzugehen. Vielleicht würde ich später offener mit ihm darüber sprechen können, was ihm durch den Kopf ging. Nach wie vor glaubte ich daran, daß es ihm in seinem schwierigen, traurigen Zustand helfen würde.

Ich fragte ihn, worum er in seinen Gebeten für das Krankenhauspersonal denn bitte. Ich erwartete, er würde beten, daß diese Leute es irgendwie schaffen mögen, ihn durch seine schreckliche Qual zu begleiten. Aber er sagte: «Ich bitte Gott, nett zu ihnen zu sein, damit sie sich nicht so schlecht fühlen, wenn wir Kinder zu ihm gehen. Wenn ich zu Gott gehe, werde ich ein gutes Wort für die Leute in diesem Krankenhaus einlegen. Das habe ich dem Arzt gesagt, und er hat gelächelt.» Während ich David zuhörte, wurde mir klar, wie wichtig ihm sein Glaube war, wie ernsthaft er sich bemühte, ihn mit seinem harten Schicksal in Verbindung zu bringen.

Ich denke immer noch an ihn, wenn ich mit Kindern spreche, die mit Schwierigkeiten zu kämpfen haben und durch religiöse oder spirituelle Überzeugungen zu begreifen versuchen, was mit ihnen geschieht. Meine Begegnung mit David und anderen, ähnlichen Kindern hat mich gelehrt: Kinder suchen nach einem Sinn und einer Orientierung in ihrem Leben, nach Werten, die in einem moralischen Bewußtsein verwurzelt sind; sie sehnen sich nach einer Spiritualität, die von ihren Eltern und anderen Erwachsenen unterstützt wird.

Seit ich vor langer Zeit David kennenlernte, hatte ich mit Kindern zu tun, deren Eltern Katholiken, Protestanten, Juden und Moslems waren. Und ich hatte mit Kindern zu tun, deren Eltern keinem Glauben angehören, die aber ein starkes Interesse daran hatten, sich über die großen Fragen des Lebens sowie über Ge- und Verbote Gedanken zu machen. Immer wieder habe ich festgestellt, daß bereits Kinder im Vorschulalter darüber nachdenken, wie sie mit ihrem Leben umgehen sollen.

Mediziner wie ich betonen häufig die psychologischen Aspekte dieses Phänomens und scheinen nicht selten der Ansicht zu sein, mit einem Kind, das über den Sinn des Lebens nachdenke, stimme etwas nicht. Doch die Suche nach einer Moral und das Nachdenken über die Geheimnisse des Lebens, seine Ironien und Paradoxien, eine solche seelische und geistige Aktivität macht den Menschen aus. Er ist ein Geschöpf des Bewußtseins, das mit Hilfe seiner Fähigkeit zur Sprache nach der Bedeutung der Dinge forscht.

Kein Wunder, daß so viele Menschen auch heute noch regelmäßig Kirchen und Synagogen besuchen. Kein Wunder, daß selbst agnostische und atheistische Eltern es für wichtig halten, Überzeugungen und Ideale zu haben, Achtung und Ehrfurcht vor diesem Leben zu haben, während wir gleichzeitig weiter forschen, um der Welt um uns herum materiell Herr zu werden. Leider hat der Glauben für viele heute keinen Platz mehr im schulischen und familiären Leben, so, als sei er störend oder gar bedrohlich für unsere säkulare Gesellschaft. Doch Kinder fragen ständig nach dem Warum, suchen die moralischen Gründe, nach denen sie ihr gegenwärtiges und zukünftiges Leben gestalten können. Diese Suche muß nicht unbedingt im religiösen Kontext stattfinden, sie kann ebenso durch Geschichten und Gedichte aber auch durch die naturwissenschaftliche Beschäftigung mit den Geheimnissen unseres Planeten angeregt werden.

Rückblickend ist mir bewußt, wieviel David mir gegeben hat. Ich war damals einer jener gutausgebildeten Ärzte, deren Unerfahrenheit Kinder mit ihrer Klugheit schonungslos aufdecken. Davids Religiosität ließ mich über die Spiritualität anderer Kinder nachdenken. Ich merkte, daß wir es unseren Kindern schuldig sind, die moralische und spirituelle Seite ihres Lebens ernst zu nehmen und respektvoll und einsichtig mit ihr umzugehen.

Praxis statt Theorie

Kürzlich lernte ich eine Studentin kennen, die zehn Jahre älter war als David und die Pubertät also gerade hinter sich gelassen hatte. Sie veranlaßte mich, die zentrale Frage dieses Buchs erneut aufzugreifen: Wie können wir unsere Ideale im Umgang mit anderen verwirklichen?

Jedesmal wenn ich an Marian, diese junge Frau, denke, fällt mir Ralph Waldo Emerson ein, dessen Werk sie sehr schätzte. Sein Essay *The American Scholar* gipfelte in der Feststellung: «Charakter ist höher zu bewerten als Intellekt.» Dieser prominente Autor machte sich – wie viele Schriftsteller und Denker nach ihm – Gedanken über die Grenzen der Erkenntnis und die Aufgabe von Universitäten. Der Intellekt wächst, wie er sagte, auch bei einem Menschen immer weiter, der selbstgefällig, kleinlich oder sogar grausam ist. Institutionen, die ursprünglich gegründet wurden, um ihren Studenten nicht nur eine breite und gründliche Bildung zu vermitteln, sondern sie auch zu guten und anständigen Menschen zu erziehen, verzichten immer mehr darauf, Verbindungen zwischen der Theorie und dem praktischen Leben herzustellen, und verlangen nur noch ein engstirniges Buchwissen.

Vor vier Jahren kam Marian, damals eine meiner Studentinnen, sehr ärgerlich zu mir. Sie stammte aus einer Arbeiterfamilie im Mittleren Westen und mußte richtig schuften – sie putzte die Zimmer ihrer Kommilitonen –, um ihr Studium in Harvard zu finanzieren. Immer wieder geriet sie dabei an Studentinnen und Studenten, die trotz ihrer guten Noten in Englisch offenbar die Wörter « bitte » und « danke » vergessen hatten und sie unhöflich und grob behandelten. Eines Tages machte ihr ein junger Mann, den sie als intelligenten und erfolgreichen Medizinstudenten und Journalisten kannte, ziemlich aufdringlich Avancen. Es war nicht das erste Mal, daß so etwas geschah, doch diesmal war für sie das Maß voll. Sie kündigte ihren Job und wollte auch das Studium im « schicken, verlogenen Cambridge », wie sie es nannte, abbrechen. Wütend kam sie zu mir und weinte bald hemmungslos. Während wir über ein Seminar sprachen, das sie bei mir besucht hatte, beruhigte sie sich ein wenig. Doch sie war gekommen, um ein Problem zu besprechen, das ihr auf der Seele brannte. Sie erzählte detailliert und voller Sarkasmus vom Unileben, das ihr, wie geschildert, hart zusetzte. Und sie stellte fest: « Dieser Kerl, der mich belästigt hat, bekommt nur die besten Noten. Ich habe zwei Seminare über Moralphilosophie mit ihm besucht; in beiden hat er eine Eins bekommen. Und sehen Sie sich an, wie er sich mir und sicher auch anderen gegenüber benimmt! » Zufällig kannte ich den jungen Mann. Ich konnte mich ihrem Urteil nur anschließen, obwohl mich das, was sie erlebt hatte, als sie sein Zimmer aufräumte, ein wenig überraschte. Meine Überraschung wiederum erstaunte sie. Da sie gebildet war, nannte sie umstandslos Namen wie Martin Heidegger, C. G. Jung, Paul de Man, Ezra Pound – brillante, kultivierte Männer (ein Philosoph, ein Psychoanalytiker, ein Literaturkritiker, ein Dichter), die in den dreißiger Jahren mit den Nationalsozialisten paktierten. Sie erinnerte mich an die gleiche

Bereitschaft der Universitäten in Deutschland und Italien, an die unzähligen Doktoren, Anwälte, Richter, Journalisten, Lehrer und sogar den Klerus, die alle imstande waren, sich mit mörderischen Verbrechern zu arrangieren, weil diese Verbrecher die politische Macht hatten. Sie ließ auch den sowjetischen Gulag nicht aus, jene Straflager, in die Stalin und seine Komplizen Millionen ehrenhafter Menschen schickten und in denen meist Psychiater arbeiteten, die durchaus bereit waren, diese Opfer eines üblen totalitären Staates mit verschiedenen psychiatrischen Etiketten zu versehen, um sie dann unter Drogen zu setzen.

Als Marian mein Büro verließ, war ich erschöpft und wie vor den Kopf geschlagen. Gegen Ende unseres fast zweistündigen Gesprächs hatte ich mich sehr bemüht, ihren Äußerungen etwas Positives entgegenzusetzen. Ich räumte ein, wenn sie das, was sie mir gerade gesagt hatte, in Harvard gelernt habe, sei das an sich doch schon eine wertvolle Erziehung. Sie lächelte, würdigte meinen Einwurf als «netten Versuch», war aber weiterhin nicht überzeugt, sondern stellte mir die schwierige Frage: «Ich habe so viele Philosophieseminare besucht, wir haben so oft über Moral, über das Gute diskutiert. Aber wie kann man den Menschen beibringen, gut zu *sein*? Welchen Sinn hat es, zu wissen, was gut ist, wenn man nicht ständig versucht, auch so zu handeln?»

Die ganze Zeit hatte ich ihrer Verärgerung über gewisse Studenten Verständnis entgegengebracht, nun fühlte ich mich aber doch in die Defensive gedrängt. Schulen sind eben Schulen, Universitäten sind Universitäten, meinte ich selbstgefällig. Und mit einem Achselzucken setzte ich meiner Kapitulation vor den Verhältnissen die Krone auf. Marian bemerkte es und antwortete mit einem unverhohlen zornigen

Blick, der sagen wollte, daß ich, was die Moral betraf, nicht hielt, was ich versprochen hatte. Plötzlich sprang sie auf. Sie habe noch eine Verabredung, erklärte sie.

Mir war klar, daß ich eine schwere Niederlage erlitten hatte. Ich wollte das Gespräch fortsetzen. Ich wollte ihr meine Anerkennung dafür aussprechen, daß sie ein großes Thema offen angesprochen hatte, wollte ihr sagen, daß sie den Nagel auf den Kopf getroffen hatte mit ihrer Erkenntnis, daß moralisches Denken und moralisches Handeln zweierlei seien. Ich wollte ihr mein Achselzucken erklären, ihr klarmachen, daß wir alle nur einen begrenzten Handlungsspielraum haben, daß eine Institution wie die Universität ihre eigene Macht und Dynamik besitzt. Aber sie hatte an solchen Rechtfertigungen kein Interesse. Bevor sie mein Büro verließ, sagte sie noch: «Ich frage mich, ob die Vorlesung, die Emerson hier gehalten hat, wirklich klug war. Ich frage mich, ob er sich je Gedanken darüber gemacht hat, wie er das, was ihm Sorgen bereitete, ändern könne; oder ob er dachte, genug zu tun, indem er den Harvard-Professoren die Probleme vortrug.» Meine wiederholten Hinweise auf Emerson und den Essay, den er als Vorlesung in Harvard gehalten hatte, hatte sie also nicht vergessen.

Wie können wir Lehrer unsere Schüler und Studenten, aber auch uns selbst, dazu ermutigen, jenen großen Schritt vom Denken zum Handeln zu tun? Gesellschaftliches Engagement wäre eine solche Möglichkeit, uns in der Praxis dafür stark zu machen, was wir in unseren Reden fordern. Und selbstverständlich können sich beide Bereiche auch gegenseitig befruchten. Bücher wie Ralph Ellisons Roman *Der unsichtbare Mann*, Elliot Liebows soziologisches Werk *Tally's Corner* oder Erik Eriksons psychologische Studie *Kindheit und Gesellschaft* gewinnen eine neue Bedeutung, wenn man einige Zeit mit sozial schwachen Schülern oder in einem Krankenhaus gearbeitet hat. Umgekehrt kann die Lektüre dieser und anderer Bücher neue Anregungen für die soziale Arbeit liefern. Man könnte sich etwa Ralph Ellison mit seinem gesunden Menschenverstand und seiner humorvollen Schläue zum Mentor für die eigene Lehrtätigkeit machen.

Auch Diskussionen in der Klasse können in dieser Hinsicht helfen, ungeachtet der Skepsis meiner Studentin. Ich begann, in meinen Seminaren immer wieder auf das hinzuweisen, was Marian beobachtet hatte, und meine Studenten verstanden sehr gut, was ich damit sagen wollte. Ihre Rechtschaffenheit und ihr genaues Gespür für Heuchelei spornten uns an. Daß die Teilnehmer meines Seminars über moralische Selbsterforschung, in dem wir unter anderem Augustinus, Pascal, Tolstoj, Bonhoeffer und Emerson durchgenommen hatten, nun als Tutoren in einer Grundschule arbeiteten, hatten wir ebensosehr Marian wie diesen Schriftstellern zu verdanken. Ihr Intellekt, der seine Kraft aus der Arbeits- und Studienerfahrung in den Zimmern des Wohnheims bezog, wurde für uns zum Antrieb, etwas Praktisches zu tun. Dies bestätigte meine Hoffnung, daß theoretische Überlegungen zur Moral durchaus einen Einfluß auf das tägliche Leben der Studenten haben können.

Doch ehrenamtliche Arbeit ist nicht der einzige Weg. Ich ließ die Studenten Aufsätze schreiben, in denen sie ihre Bemühungen schildern sollten, die hehren Ideen, die wir im Seminar diskutiert hatten, in die Tat umzusetzen. Mit geschärftem Bewußtsein unternahmen einige Studenten daraufhin erfolgreich kleine Selbstversuche, die sonst vielleicht übersehen worden wären, die aber für die Betreffenden große Bedeutung hatten. «Ich habe mich bei einer Kellnerin in der Mensa bedankt, die mir das Essen gegeben hat. So kamen wir zum ersten Mal ins Gespräch», schrieb eine Studentin über einen scheinbar bedeutungslosen Moment. Für sie war dies ein wichtiger Bruch mit der Gleichgültigkeit gegenüber Menschen, die sie bislang bloß als Mensapersonal betrachtet hatte. Sie fand, sie habe dadurch sehr viel gewonnen, etwas über das Leben eines anderen Menschen erfahren und zugleich Respekt vor diesem Leben gezeigt.

Marian hatte mich mit ihrer zornigen, traurigen Geschichte herausgefordert, anders zu unterrichten. Jetzt machte ich das Problem, auf das sie mich hingewiesen hatte, ausdrücklich zum Thema: die Kluft zwischen Denken und Handeln. Jetzt verlangte ich von uns allen, darüber nachzudenken, wie wir diese Kluft überwinden könnten, und ich bat um Rechenschaft über diese Versuche.

Erziehung zur Moral

Natürlich bitten Eltern ihre Kinder nicht unbedingt, Aufsätze zu schreiben oder soziale Arbeit zu leisten, obwohl ich mich erinnere, daß meine Mutter kleine Sternchen auf eine Karte klebte, immer wenn ich im Haushalt geholfen hatte. Sobald genügend Sternchen beisammen waren, kaufte sie mir eine Kleinigkeit. Bestechung als Mittel, moralisches Verhalten bei Kindern zu fördern? Sicherlich keine empfehlenswerte Methode, wenngleich sie uns recht deutlich machte, was unserer Mutter lieb und wichtig war. Noch heute erinnere ich mich, mit welchem Vergnügen sie diese Sternchen auf unsere Karten klebte, und wie bedauernd sie sie ansah, wenn sie längere Zeit unberührt geblieben waren. Sie wollte uns unbedingt beibringen, unseren Teil an den häuslichen Pflichten zu übernehmen. Sie wollte, daß wir lernen, «danke» und «bitte» zu sagen, und zwar nicht aus einem rein äußerlichen Beharren auf guten Manieren oder aus elterlicher Pedanterie, wie wir damals oft dachten, sondern aus dem echten Wunsch heraus, daß wir lernen würden, den Bann des heiligen Selbst zu brechen, das so sehr auf seinem eigenen Lohn beharrt, zugunsten einer Hinwendung und einer Verbeugung vor anderen.

«Wir bedeuten einander etwas.» Diesen Spruch hörten wir immer wieder. Wirklich von Bedeutung war indes, daß unsere Mutter uns stets vorlebte, was ihr wichtig war. Natürlich riskiere ich bei dieser Eloge auf meine Mutter eine gewisse Idealisierung. Doch ich erinnere mich noch gut der Worte, die ihre Freunde, Nachbarn und die Leute sprachen, mit denen sie bis zu ihrem Tod zusammengearbeitet hatte. Sie entwarfen das Bild einer Frau, das dem Bild, das ich von meiner Mutter habe, entspricht: das Bild einer Frau, die immer sagte, sie wolle, daß mein Bruder und ich «in unserer Seele Platz für andere schaffen». Wir sollten das Mobiliar unseres Lebens ein bißchen umräumen, damit wir selbst nicht den gesamten Platz ausfüllten. Natürlich gelang uns das nicht immer, und wir wußten, daß sie sich unser Scheitern zu Herzen nahm, aber nie beging sie den Fehler, durch übermäßige Strenge und Kälte alles zunichte zu machen, was sie bei uns zu erreichen suchte. Sie vergaß nie, daß es hart und mühsam sein kann, die moralischen Ansprüche der Eltern zu erfüllen, und entschied sich im Zweifelsfall immer für uns. Sie verstand es, geduldig zu sein – mit uns und mit sich selbst. Und sie wußte, was Vergebung heißt.

Auch über die Fehler im menschlichen Verhalten sprach sie mit uns. Abends vor dem Einschlafen las sie uns Geschichten vor. Doch am meisten freuten wir uns auf die Zeit nach dem Vorlesen, wenn sie uns aus ihrem Leben erzählte. Von Momenten, in denen sie Angst hatte, in denen sie weinen mußte oder in denen etwas oder jemand sie aufgeregt hatte. Auch mein Vater war ein großer Geschichtenerzähler – beim Essen und wenn er uns zu Bett brachte. Seine Geschichten stammten ebenso wie die meiner Mutter aus dem eigenen Leben, aber sie waren durchaus kein bloßes Schwelgen in «unreflektiertem Egoismus», wie George Eliot es genannt hatte. Nein, er erzählte uns von anderen, von den Freunden, die er als Kind hatte, oder von seinem Lieblings-

onkel, der im Ersten Weltkrieg auf seiten der Engländer ge-
kämpft hatte und, wie sein Bruder, in der Schlacht von
Ypern gefallen war. Er erzählte uns von der Tuberkulose, an
der er mit sechzehn Jahren gelitten hatte, und von dem Be-
nediktinerkloster, in das man ihn geschickt hatte, um dort
gesund zu werden.

Bald stellten wir fest, daß wir nie auf die Welt gekommen
wären, hätten diese Mönche, die sich unseres Vaters angenommen hatten, mit ihrer Pflege keinen Erfolg gehabt. Sie
hatten also mit ihrer Aufmerksamkeit und Güte nicht nur
unserem Vater das Leben gerettet, sondern unser Leben
überhaupt erst ermöglicht.

Mein Vater war Naturwissenschaftler und während seiner Jugend in England ein großer Wanderer. Seine Liebe zum
Wandern brachte er mit über den Atlantik, und während
meiner ganzen Kindheit und auch noch danach unternahm
er mit mir lange Spaziergänge. Ich wäre nicht der, der ich
bin, hätte es diese gemeinsamen Wanderungen nicht gegeben, bei denen wir über mein und sein Leben, über Interessen, Hoffnungen und Aktivitäten sprachen. Er nahm Anteil
an mir und gab mir sehr viel. Die Jahre, die uns trennten,
schienen sich in nichts aufzulösen, während wir wanderten.
Wir wurden zu Freunden, obwohl er immer auch mein Vater
blieb. Oft erzählte er mir dabei von Menschen, die er gekannt hatte. Warum er bestimmte Menschen mochte und
andere nicht, sagte sehr viel über seine Werte und Ansichten
aus. Ein Großteil meiner Erziehung zur Moral fand während
dieser Wanderungen statt. So schätzte er einen seiner Profes-
soren am Massachusetts Institute of Technology sehr, den er
als schweigsam, bescheiden und ungekünstelt beschrieb. Als
ich ihn über diesen Professor reden hörte, merkte ich, wie-

viel mein Vater von ihm übernommen hatte. So erfuhr ich, was meinem Vater wichtig war, welche Eigenschaften für ihn wirklich zählten. Doch mein Vater war nicht ohne Fehler. Er konnte kauzig sein, scheu bis zur Verschlossenheit, hämisch und blasiert. Für meinen Bruder und mich war es wichtig, auch diese Schattenseiten zu kennen. Es war ein Schritt auf dem Weg zum moralischen Bewußtsein.

Der große Held meines Vaters war Orwell, und er war ebenso bodenständig wie dieser. Mittlerweile lehre ich über Orwell, erkunde mit Studenten die Abenteuer, Widersprüche und Fehler dieses wunderbar erhellenden, fesselnden Essayisten. Dabei denke ich an meinen Vater, unsere Wanderungen und das, was er damals über Orwell gesagt hatte. Heute weiß ich, was die beiden gemeinsam hatten: eine moralische Leidenschaft, die ihr Denken prägte, eine Leidenschaft, die im Fall Orwells so viele erreicht und sich mit unserem Leben, Denken und unserem Engagement verwoben hat. Mein Vater übte diesen Einfluß auf seine Familie und auf jene aus, mit denen er nach seiner Pensionierung noch zwanzig Jahre lang ehrenamtlich arbeitete. Unermüdlich besuchte er bedürftige ältere Menschen, die von ihm sicher die gleichen trockenen und amüsierten Bemerkungen über das Leben und wie man es leben solle, zu hören bekamen wie meine Familie und vor allem meine Mutter.

Von ihr hörte ich übrigens, welche Rolle der nette Professor im Leben meines Vaters wirklich gespielt hatte. Der Professor hatte das Heimweh meines Vater bemerkt. Seine Heimatstadt York in England war so weit weg! Deshalb schlug der Ältere dem Jüngeren vor, gemeinsam einen Spaziergang zu machen und einen Kaffee zu trinken. Diesem Spaziergang sollten noch viele folgen. Hier ging es nicht um Psychologie oder um eine «Beratung», hier redete man nicht lang und breit über Isolation und Depression. Hier wurde nach einem altmodischen Prinzip gehandelt: Ich erkenne dich, ich spüre etwas an dir, ich will versuchen, mich mit dir anzufreunden. Es war die Geste eines Menschen, der sich dazu veranlaßt, ja verpflichtet fühlte, einem anderen die Hand zu reichen.

Als ich Assistenzarzt in der psychiatrischen Abteilung einer Bostoner Klinik war, dachte ich immer, der einzige Fehler meines Vaters sei seine offenkundige Abneigung gegen die Sozialwissenschaften, vor allem gegen die Psychologie: ein echter Schwachpunkt seinerseits, fand ich, ein Symptom der Angst, des Widerstands, wie wir es in der Psychoanalyse nennen. Bis zu einem gewissen Grad stimmt das wohl auch, doch in letzter Zeit ist mir die moralische Seite seiner Bedenken, Vorbehalte und Zweifel klargeworden. Ihn interessierte mehr die Geste seines Professors ihm gegenüber, die respektvolle Aufmerksamkeit, die er einem Studenten entgegenbrachte.

Meine Mutter erklärte es mir einmal so: «Dein Vater interessiert sich überhaupt nicht für Psychologie! Er hat es sehr gern, wenn George Eliot sie praktiziert; und er spricht oft über ‹moralische Psychologie›; damit kann er mehr anfangen.» Ich fragte mich, was um alles in der Welt «moralische Psychologie» sein mochte, dabei hätte ich mir nur seinen Helden Orwell anzusehen brauchen oder auch seine Heldin George Eliot oder diesen Professor. Das waren Menschen, die sich unermüdlich mit Trieben beschäftigten, aber mit moralischen Trieben, wie mein Vater es ohne Scham nannte, moralischen Instinkten. Er meinte damit unseren Wunsch nach Sinn im Leben, unser Gespür für das richtige Verhalten anderen Menschen gegenüber.

Mein Vater kannte natürlich das Unbewußte, das nach meiner Vorstellung den Hauptsitz des «Instinkts» darstellte. Doch er zog es vor, seine Art analytischer Arbeit auf einem anderen Gebiet zu leisten, dem des Handelns, nicht dem des Denkens, der Phantasie und der Träume.

Ich möchte hier aus einem Brief zitieren, den er mir einmal schrieb: «Ich sehe, daß Ihr Psychiater und Psychoanalytiker herausfinden wollt, warum Menschen die Gedanken und die Gefühle haben, die sie haben. Aber ich sage Dir, was die Menschen wirklich unterscheidet, ist, wie sie sich zueinander verhalten, ganz gleich, was durch ihre wirren Köpfe geht. Dein Dr. Freud hat uns gesagt, was wir spätestens seit Sophokles und Shakespeare wissen: Die geheimen Laster, die wir in uns tragen, sind die Laster unserer Einbildungskraft. Also, was soll der ganze Rummel? Was zählt, ist doch, wie man mit den Problemen, die Ihr erforscht, im Leben umgeht. Was könnte es da nicht alles Komisches geben: den Psychoanalytiker zum Beispiel, der Verständnis für alles und jeden hat, aber zu Hause oder in der Nachbarschaft unfreundlich ist; oder den Spinner, der dringend auf die Couch muß, aber gute Werke wie am Fließband vollbringt – Ihr würdet sagen, aufgrund seiner Neurose.»

Das gab mir sehr zu denken: Wie stark eine bestimmte Perspektive unser Menschenbild prägen kann, wie sehr sie bestimmt, wie wir uns anderen gegenüber verhalten, wie sehr sie die Erziehung unserer Kinder beeinflußt. Meine Eltern wollten, daß wir die Gesetze und Regeln der Gesellschaft ebenso beachteten wie ihre moralischen Prinzipien. Wenn wir auf die Nase fielen, warfen sie uns nicht gleich den psychologischen Rettungsring zu, was das Problem von der moralischen auf eine Gefühlsebene verlagert hätte.

Ich hoffe, ich rücke meinen Vater, meine Mutter und mich selbst mit dem Bild, das ich hier zeichne, nicht in eine Ecke, die man heutzutage allzu bequem als veraltet abtut. Meine Familie und die Lehrer, die ich heute noch sehr schätze, waren für Psychologie durchaus sensibel und zugänglich. Dieses Wissen ist älter als unser Jahrhundert. Ich erinnere mich an die vielen psychologischen Werke, die meine Mutter las. Ich erinnere mich an viele Blicke, die meine Eltern tauschten und aus denen psychologisches Verständnis sprach. Erikson sprach ihnen aus dem Herzen, als er eines seiner Bücher *Einsicht und Verantwortung* betitelte: An einem gewissen Punkt muß die psychologische Analyse in den Bereich der Pflichten und der Verantwortung gegenüber unseren Nächsten und gegenüber der Gesellschaft münden.

Einer Kritik, wie sie Erikson in seinem Buch *Kindheit und Gesellschaft* an einer zunehmend psychologisch geprägten und «wertfreien» Kultur formulierte, haben sie zweifellos zugestimmt:

> «Wir wissen heute, daß Kommunikation keineswegs in erster Linie eine verbale Angelegenheit ist: Worte sind nur Werkzeuge der Bedeutungen. In einer aufgeklärteren Welt und unter wesentlich komplizierteren historischen Bedingungen muß sich der Analytiker erneut dem ganzen Problem der verständigen Partnerschaft stellen, die den Geist der analytischen Arbeit kreativer zum Ausdruck bringt, als apathische Toleranz oder autoritäre Führung es vermögen. Die verschiedenen Identitäten, die zunächst zu einer Vereinigung mit der neuen Identität des Analytikers neigen – Identitäten, die auf talmudischer Argumentation, messianischem Eifer,

strafender Orthodoxie, vorübergehender Sensationsgier, auf professionellem und sozialem Ehrgeiz basieren –, alle diese Identitäten und ihre kulturellen Ursprünge müssen nun Teil der Analyse des Analytikers werden, so daß er in der Lage ist, archaische Rituale der Kontrolle abzulegen und zu lernen, sich mit dem dauerhaften Wert einer Aufklärungsarbeit zu identifizieren. Nur so kann er in sich und in seinem Patienten jenen Überrest kluger Empörung freisetzen, ohne die eine Heilung nur ein Halm im wechselnden Wind der Geschichte ist.»

Selbstverständlich ist «Empörung» eine zutiefst moralische Haltung. Der Empörte denkt nicht nur darüber nach, was das Problem jener ist, die sich falsch verhalten; wichtig ist vielmehr, daß sein moralisches Bewußtsein wachgerüttelt wird, daß er sich entscheidet, eine Tat oder ein Verhalten zu verdammen, und zwar mit lauter Stimme und nicht in jener kühlen, zweifelnden, unparteiischen Weise, die die Kritik nur versteckt enthält und die man gemeinhin Besorgnis nennt.

Erikson besteht auf der Notwendigkeit moralischer Entrüstung, jener Entrüstung, die zu vermeiden wir von der Psychologie ständig gedrängt werden: Was haben solche Ausbrüche von Wut, Abscheu und Entsetzen zu bedeuten? Was sagen sie über uns selbst? So lauten die beschwörenden Fragen, die uns eingeschüchtert und befangen verstummen lassen. Erikson war der Ansicht, daß Kinder Glauben und moralische Überzeugungen brauchen, die im Fall einer Bedrohung oder Verletzung verteidigt werden müssen. Die Kraft dazu erwachse aus der Empörung.

Einmal fragte ich Erikson, wie wir zu dieser Empörung

kommen sollten. «Ach», meinte er nach einigem Zögern, «ich will niemandem etwas vorschreiben», und fügte dann verschmitzt hinzu: «oder etwas verbieten.» Er haßte Rechtschaffenheit, die in Pedanterie, Routine oder Selbstgerechtigkeit umschlug. Doch er sah, daß ich noch nicht zufrieden war. Mir fiel ein früherer Patient ein, der einmal meinte: «Es ist nicht an uns, zu fragen, warum; es ist an uns, zu handeln oder zu sterben.» Mit diesem berühmten Zitat von Tennyson wollte er mir etwas über seine eigene Zwanghaftigkeit sagen, sein genauestens geregeltes Leben. Er sagte: «Manchmal frage ich doch, warum, aber ich mache nicht den nächsten Schritt. Ich stelle nie die ganze Frage, suche nie wirklich die Antwort. Ich höre beim Warum auf, und es wird zu einem Schrei. Ich wünschte, ich hätte nicht so verdammt viel Angst vor diesen Fragen. Vielleicht wäre es einfacher, wenn ich mehr Erfahrung hätte. Vielleicht kann man dann die richtigen Fragen stellen, und vielleicht findet man auch die Antworten.»

Erikson mußte lächeln. Er meinte, dieser Patient habe mir doch schon die Antwort auf meine Frage gegeben: «Ein Patient kann für uns manchmal genau der Arzt sein, den wir brauchen.» Nach diesem psychologischen Orakelspruch wollte ich von Erikson noch einen pädagogischen Rat. Unsere Söhne kamen bald in die Schule, und immer wieder passierte es, daß ich am liebsten geschrien hätte vor Ärger über sie: ob es ein Streit war oder schlampige Kleidung, das unaufgeräumte Zimmer, Schimpfwörter oder das Bitte und Danke, das sie immer vergaßen. Erikson spürte meinen Ärger. Er sagte: «Es ist ein langer, mühsamer Weg, unsere Kinder zum richtigen Verhalten zu erziehen. Und dennoch müssen Sie ihn gehen. Sie müssen Dinge erklären, Ihre Kinder lehren, über das Warum hinauszugehen, wie Ihr Patient es gern gekonnt hätte. Und das gelingt nur, wenn Sie alles an sich selbst ausprobieren, wenn Sie durch Erfahrung die eigenen Worte, den eigenen Weg finden. Sie müssen Ihre eigene Position finden und Sie Ihren Kindern erklären. Vielleicht stehen Sie dann bald neben ihnen. Doch nur mit viel Geduld bringen Sie sie soweit, nur wenn Sie ihnen gegenüber täglich Ihren moralischen Standpunkt klarmachen. Nur dann können auch die Kinder einen solchen entwickeln. Doch es wird ihr eigener sein.»

Plötzlich unterbrach er sich und erzählte von seinen ersten Jahren als Analysand von Anna Freud, als er am Wiener Institut für Psychoanalyse studierte. Er erinnerte sich an ihre Vorlesungen für Eltern und Lehrer, in denen sie sich bemühte, eine bestimmte Perspektive zu vermitteln, statt konkrete Antworten auf die Fragen zu geben, die ihre Zuhörer gerne gestellt hätten. Einmal hatte sie auf eine Frage Eriksons erwidert, sie könne ihm die genauen Antworten, die er offenbar gerne hören wolle, nicht geben, sondern nur das Handwerkszeug, das ihm helfe, mit den Fragen selbst fertig zu werden. Ich lachte und sagte: «Viele von uns müssen nicht nur mit ein paar Fragen fertig werden, sondern mit ihren eigenen Kindern.» – «Ja, ja», meinte er, «und das sind die Momente, in denen wir uns zwingen müssen, freundlich zu sein. Wir müssen mit uns selbst fertig werden, damit wir das Beste für sie tun können.»

Ich wollte und konnte dieses Wort «das Beste» nicht einfach stehenlassen. Vielleicht könnte ich mit Hilfe dieses Worts den weisen alten Mann dazu bewegen, mir noch einen Rat mitzugeben. «Woher wissen wir, was das Beste für sie ist? Was ist das Beste?» fragte ich ihn. – «Ich habe es Ihnen schon gesagt», antwortete er. «Freundlich sein, das müssen wir; durch unser Verhalten zeigen, daß wir uns für andere interessieren und das Beste für sie wollen.»

Wir erkannten beide, daß wir nicht über einen Katalog von Regeln sprachen, sondern über eine Haltung, an der man Tag für Tag arbeitet, um sie für sich zu finden und mit anderen zu teilen.